Thomas Jeier wurde 1947 in Minden/Westfalen geboren und wuchs in Frankfurt/Main auf. Nach dem Gymnasium und einer Buchhändlerlehre wurde er Redakteur und später Chefredakteur einer großen Jugendzeitschrift. Seit 1972 arbeitet er als freier Schriftsteller. Thomas Jeier ist ein ausgezeichneter Kenner der Country-Szene. Für den Bayerischen Rundfunk gestaltet und moderiert er eine wöchentliche Country-Music-Sendung. Er hält sich regelmäßig längere Zeit in den USA auf, um für seine Bücher zu recherchieren. Er ist Mitglied der Western Writers of America, wurde vom amerikanischen Fernsehen wiederholt interviewt und als bester Westernkenner der Alten Welt vorgestellt.

Von Thomas Jeier sind außerdem als Knaur-Taschenbücher in der Reihe *Reisen und Entdeckungen* erschienen:

»Abenteuerreisen im Wilden Westen« (Band 4408)
»Abenteuerreisen in Arizona und New Mexico« (Band 4608)

zusammen mit Hans-Georg Fischer

»Abenteuerreisen in Texas« (Band 4609)

zusammen mit Rainer Maria Schröder

»Amerika per Wohnmobil« (Band 4409)

sowie die historischen Indianerromane

»Mary-Jane, die Gefangene der Apachen« (Band 1013)
»Nekah, Tochter der Ottawas« (Band 1014)
»Rhoda, weiße Sonne der Seminolen« (Band 1020)

Originalausgabe

Umschlaggestaltung A. Scholz
Umschlagabbildung »Western Union« (Foto: Jürgen Pittack)
Reproduktion Fotolito Longo, Bozen
Satz Appl, Wemding
Druck und Bindung Ebner Ulm
Printed in Germany · 1 · 6 · 1084
ISBN 3-426-03742-4

1. Auflage

Thomas Jeier:
Tom Jeiers Country Club

Reportagen und Berichte
aus der Country Szene

Mit 118 Abbildungen zum Teil in Farbe

Knaur®

ISBN 3-426-03742-4 880

Für Larry
und die Jungs von
Western Union

Thomas Jeier (auf unserem Foto mit Outlaw-Star Waylon Jennings) schreibt Reisebücher, Romane und Jugendbücher. Für den Bayerischen Rundfunk gestaltet und moderiert er die wöchentliche Sendung »Country Club«, für das Bordprogramm der Lufthansa stellt er eine Country-Show zusammen, die auf allen internationalen Flügen von Lufthansa und Condor ausgestrahlt wird. Er beschäftigt sich seit vielen Jahren mit Country Music und hält sich mehrere Monate des Jahres in den USA auf, um dort für seine Bücher und Sendungen zu recherchieren.

INHALT

Recht schönen guten Tag, howdy, herzlich willkommen im Country Club ...

... so beginnt meine wöchentliche Sendung im Bayerischen Rundfunk, und so möchte ich auch Sie begrüßen – zu einem Buch voller Reportagen, Berichte und Interviews aus der Country-Szene. Wer meine Reisebücher und meine Sendung kennt, weiß wohl inzwischen, daß ich viele Wochen des Jahres in den USA verbringe, um dort zu recherchieren und zu fotografieren. Während dieser Trips entstand auch der größte Teil der Beiträge in diesem Buch, andere Interviews konnte ich vor der Haustür in good old Germany oder in England machen. Klar, daß ich fast alle Fotos exklusiv für dieses Buch schießen konnte, andere wurden von meinen Reisebegleitern Hans-Georg Fischer und Wolfgang Schmitz aufgenommen, und einige wenige stammen aus den Archiven der Plattenfirmen. Die Auswahl der Künstler und Themen mag manchem willkürlich erscheinen, gibt aber einen repräsentativen Überblick über die vielschichtige Country-Szene, die ja heute von ganz rechts (Bluegrass) bis ganz links (Country Rock) reicht und ein besonders breites Publikum anspricht. Country Music ist angesagt, mehr als je zuvor, und manche Pop-Fans werden bei der Lektüre dieses Buches überrascht sein, einige ihrer Lieblinge wiederzufinden. In meiner Einleitung »Vom Banjo bis zum Synthesizer« habe ich versucht, diese Entwicklung aufzuzeigen. Daß auch Country Music made in Germany inzwischen zu einem Begriff geworden ist, zeigen die Reportagen über namhafte deutsche Gruppen und Künstler. Dazu kommen Berichte über Nashville, Trucks, Trains, die Situation der Country Music im Rundfunk und vieles andere mehr. Ein randvolles und hoffentlich unterhaltsames und informatives Buch, eigentlich eine Zeitschrift im Buchformat, die Ihnen die country-lose Zeit im heimischen Wohnzimmer etwas verkürzen soll.

Auf eine Danksagung habe ich bewußt verzichtet, weil mir so viele Menschen geholfen haben, daß eine Aufzählung aller Namen mehrere Seiten in Anspruch genommen hätte. Allen Künstlern, Agenten, Managern, Roadies, Promotion-Leuten, Club-Besitzern, Lokomotivführern und Truckern sei an dieser Stelle aber noch einmal herzlich gedankt. Thanks a lot, friends.
In diesem Sinne viel Spaß beim Lesen und natürlich viel Country Sunshine, Ihr

Thomas Jeier

Vom Banjo zum Synthesizer

Die Geschichte der Country Music

»Country Music's gone uptown«, erzählte mir ein Produzent in Nashville. Soll heißen, die Country Music ist moderner geworden, hat Elemente des Rock und Pop übernommen und wird nicht nur in Paris, Texas, und Jackson, Mississippi, sondern auch in New York, Chicago und Los Angeles gehört. Und in Stockholm, Paris und Frankfurt. Wo früher nur die ländliche Bevölkerung in den USA und ein paar eingefleischte Fans der Fiddle und dem Banjo lauschten, schwärmen heute viele Millionen Fans in aller Welt von einer Musik, die nicht so laut und aggressiv wie die Rock-Music, nicht so ausgeflippt wie New Wave, Heavy Metal und Funk und nicht so langweilig und nervtötend wie die Schlager-Dutzendware aus Deutschland und Italien ist. Country Music ist angesagt und schickt sich zumindest in den USA an, der Pop Music gefährlich nahe auf den Pelz zu rücken. Allein in den Vereinigten Staaten gibt es 3147 Radiostationen, die ausschließlich Country spielen, und davon senden 2265 rund um die Uhr. Der amerikanische Fernsehriese HBO hat fast ständig ein Zwei-Stunden-Special mit Country Music im Programm, immer mehr Filme werden mit Country Music untermalt, und auf der ganzen Welt gibt es Festivals mit dieser Musik. Amerikanische Konzerne wie Philip Morris (Marlboro, Seven-Up) oder Reynolds (Winston) unterstützen Talentwettbewerbe und investieren in Country Music, und ein weiblicher Star wie Dolly Parton gehört zu den bekanntesten Persönlichkeiten Amerikas. Die Country Music ist zum Milliardengeschäft geworden. Ihr erster Star, der legendäre Hank Williams, gab sich noch mit hunderttausend Dollar pro Jahr zufrieden, ein Kenny Rogers machte es letztes Jahr nicht unter zwanzig Millionen. Die Supergruppe Alabama verkaufte von ihren ersten fünf Langspielplatten über zwölf Millionen Exemplare und spielte bei einem Konzert in Fort Payne vor mehr als fünfzigtausend Leuten. Fünfzehn Prozent der

3,5 Milliarden Dollar, die jährlich in den USA in Musik investiert werden, fließen in die Country Music, und das ist eine ganze Menge, wenn man bedenkt, daß ein New Yorker diese Musik noch vor wenigen Jahren verächtlich als Hillbilly abtat und die meisten Europäer gar nicht wußten, was sie sich unter Country Music vorzustellen hatten.
Der dreizehnjährige Jimmie Rodgers, der 1911 sein Elternhaus verließ und zur Eisenbahn ging, hätte sich das niemals träumen lassen. Dabei hat er großen Anteil am Erfolg der Country Music. Er war ihr erster Superstar. Schon bei der Eisenbahn nützte er jede freie Minute, um auf seinem Banjo oder seiner Gitarre zu üben. Die schwarzen Arbeiter erkannten das Talent des Jungen, brachten ihm schwierige Griffe auf der Gitarre bei und lehrten ihn den traurigen Blues ihrer Vergangenheit. Wenn Jimmie während der Mittagspause sang und gerade so richtig in Schwung war, übernahm ein anderer seinen Job, damit er nicht aufhören mußte. Der Junge bedankte sich mit improvisierten Konzerten und selbstkomponierten Liedern, die so gefühlvoll wie schwarzer Blues und so harmonisch wie englische Volkslieder klangen. Seine Bühne war das Dach eines Güterwagens, sein Publikum die dunkelhäutigen Schwellenleger.
Nach vielen Jahren des Herumtingelns wurde Jimmie von einem Plattenproduzenten entdeckt. Ralph S. Peers holte die Hinterwäldler aus Tennessee und Virginia in sein rollendes Aufnahmestudio und nahm Platten mit ihnen auf. Er glaubte an die unverfälschte Musik der Berge, die so sehr anders als die kitschigen Lieder der Großstadt klang. Der Erfolg gab ihm recht. Jimmie Rodgers wurde zum Superstar, und die Carter Family eroberte sogar den amerikanischen Osten.
Die Wurzeln der Country Music reichen bis ins Mittelalter zurück. Fahrende Ritter und Abenteurer zogen in England, Irland und Schottland von einem Ort zum anderen und erzählten den Schloßbewohnern ergreifende Geschichten und Balladen. Sie begleiteten sich auf der Geige, die auch den weiten Weg nach Amerika mitmachte, als viele dieser Wandersänger aus religiösen oder politischen Gründen in die Neue Welt flohen. Sie wurde zum dominierenden Instrument der frühen Country Music, die man auch heute noch bei den Hillbillies in den Bergen von Tennessee hören kann.
Im neunzehnten Jahrhundert brachten die schwarzen Arbeiter der

Europäische Einwanderer brachten die Fiddle in den amerikanischen Westen und trugen wesentlich zur Entwicklung der Country Music bei.

Eisenbahn Elemente des Blues und ein neues Instrument in die Country Music ein: die Gitarre. In den rauhen Händen der dunkelhäutigen Burschen klang das Instrument ganz anders und vor allem ehrlicher als in den Konzertsälen der weißen Oberschicht, und ein Mann wie Jimmie Rodgers verstand es, dieses Feeling auf die weiße Hillbilly Music zu übertragen.

Das Banjo, von vielen als das eigentliche Instrument der Country Music gepriesen, kam erst verhältnismäßig spät dazu. Es wurde 1830 von dem Engländer Joe Sweeney erfunden und basierte auf den Zupfinstrumenten einiger afrikanischer Naturvölker. In Amerika fand es erst nach dem Bürgerkrieg, also Mitte der sechziger Jahre des vorigen Jahrhunderts, weitere Verbreitung. Es wurde besonders von den Hinterwäldlern in den Bergen geschätzt, weil es ihrer Musik mit Gitarre und Fiedel neue und anregende Impulse verlieh. Die Menschen in den Appalachen brachten es zu einer wahren Meisterschaft auf dem fünfsaitigen Instrument, und virtuose Künst-

ler wie Earl Scruggs entdeckten immer neue Möglichkeiten, mit dem Instrument umzugehen und ihm neue Töne zu entlocken.
Aus Europa kamen die Mandoline, das Akkordeon und die Harmonika, aus den polynesischen Ländern die Ukulele und die Hawaii-Gitarre dazu. Die polynesische Musik hatte eine erstaunliche Ähnlichkeit mit der Western Music der weiten Prärien und ergänzte sich auf großartige Weise mit ihr. Es dauerte nur wenige Jahre, bis die hawaiianische Art, Gitarre zu spielen, auch bei den amerikanischen Siedlern Anklang fand. Dabei wird die Gitarre flach auf den Schoß gelegt und wie eine Zither gezupft. In der linken Hand hält der Spieler einen Stab aus Stahl, den er über die Griffleiste schiebt und auf diese Weise einen klagenden Sound erzeugt. Dieser Sound wurde zum Markenzeichen der Country Music und war besonders in der ersten Hälfte des 20. Jahrhunderts bei den Musikern und ihrem Publikum beliebt. Keine Vaudeville-Truppe und keine Band ging ohne dieses Instrument auf Tournee.
Um 1930 wurde die Hawaii-Gitarre perfektioniert und zu einem eigenständigen Instrument entwickelt. Sie konnte jetzt elektrisch angeschlossen und verstärkt werden und bekam auch einen eigenen Namen: Steel guitar. Ihren entscheidenden kommerziellen Durchbruch erlebte die Steel guitar allerdings erst 1954, als Webb Pierce mit seinem »Slowly« einen riesigen Hit hatte und der klagende Sound der Steel guitar zu einem Synonym für Country Music wurde. Inzwischen ist die Steel aus der Country Music nicht mehr wegzudenken und fand sogar in die Rock- und Pop-Music Eingang.
Zu Beginn der zwanziger Jahre hatte sich die Country Music zu einer eigenständigen Musikform entwickelt, die zwar auf alten Tex-

Aufkleber der Country Station von Phoenix, Arizona.

Das Land der Country Music: endlose Highways, schroffe Felsenberge und ein strahlend blauer Himmel.

ten und Melodien basierte, die im Laufe der Jahrhunderte und unter den verschiedenen Einflüssen aber ein vollkommen neues Gesicht bekommen hatte. Ihre Popularität war groß, beschränkte sich aber auf die ländlichen Gegenden und war noch nicht in die Stadtbezirke vorgedrungen. Sie wurde vor allem als Hausmusik gepflegt, Im Kreise der alteingesessenen Familien von Kentucky und Tennessee, und auf Jahrmärkten und Hochzeiten und anderen ländlichen Festen gespielt.
Das änderte sich schlagartig, als das Radio aufkam und die Erfindung des Phonographen überall für Furore sorgte. Geschäftstüchtige und talenthungrige Produzenten erkannten das Potential, das in dieser Musik lag, und holten die Hausmusiker von ihren Farmen ins Studio. Jimmie Rodgers und die legendäre Carter Family gehörten zu den Stars der ersten Stunde. Die Grand Ole Opry und andere Barn Dances, die über bekannte Rundfunkstationen wie WSM und WLS ausgestrahlt wurden, sorgten für eine weitere Verbreitung der Musik.
Aus der Hillbilly-Music war »Country & Western« geworden, eine

immer noch von Fiddle, Gitarre und Banjo bestimmte Musik, die aber jetzt kommerziell angehaucht war und nicht nur in den Bergen von Tennessee, sondern auch in anderen Teilen der Vereinigten Staaten auf Gegenliebe stieß. Es war eine typisch amerikanische Musik, die an die alte Heimat in Europa erinnerte und gleichzeitig von der Entwicklung in der Neuen Welt beeinflußt war. Die Bezeichnung »Country & Western« war nicht besonders glücklich gewählt, sie beschrieb nur einen Teil der Einflüsse, die aus europäischer und amerikanischer Volksmusik diese neue Musikform prägten, aber das Label setzte sich durch und wird heute noch von Fachleuten und Fans gebraucht, auch wenn sich die Industrie in Nashville dagegen wehrt und für »Country« plädiert. Das »Western« hatte seine Berechtigung vor allem während des Zweiten Weltkriegs, als die Musik der Cowboys und Pioniere in die Musik einfloß und neue Akzente setzte. Balladen und Songs, die vom Leben auf der Ranch und auf dem Trail erzählten, erweiterten das Spektrum und machten die Country & Western Music einem breiteren Publikum zugänglich. Auch die junge Filmindustrie in Hollywood griff jetzt auf diese neue Musik zurück und ließ die Cowboys in ihren Serien- und B-Western singend über die Weide reiten. Die »Singenden Cowboys« brachten die neuen Songs in die Städte, und Gene Autry und Roy Rogers wurden zu gefeierten Stars, die in den frühen fünfziger Jahren sogar eigene Radio- und Fernsehshows bekamen. Die Sons of the Pioneers, vor wenigen Jahren in veränderter Besetzung immer noch aktiv, bereicherten so manchen John-Wayne Film mit ihrem harmonischen Satzgesang und wehmütigen Westernsongs wie »Cool Water« und »Tumbling Tumbleweeds«.

Nach dem Krieg machten sich auch die Einflüsse anderer Einwanderergruppen in der Country & Western Music bemerkbar. Aus Louisiana kam die Cajun Music, die von Fiddle und Akkordeon dominierte Musik der französischen Einwanderer, aus den südlichen Grenzgebieten flossen Elemente der von den Chicanos favorisierten mexikanischen und spanischen Musik in Country & Western ein und im zentralen Texas wurden auch die deutschen Einwanderer aktiv und überraschten andere Volksgruppen mit Country & Western Songs im Polka-Rhythmus und Dreivierteltakt. Auch rhythmische Jodler, die im Gegensatz zur Musik der europäischen Alpenländer im 4/4 Takt gesungen wurden, waren in der Country & Western Music keine Seltenheit mehr.

In den frühen fünfziger Jahren wurde Hank Williams zum Superstar und lenkte die Country Music in eine neue Richtung. Er zog schon als junger Sänger durch Spelunken und Honkytonks und trat vor einfachen Leuten und Herumtreibern und Ausgestoßenen auf. Seine Lieder klangen trauriger und ehrlicher als die Musik aus den Bergen, und seine Konzerte waren aufregende Abenteuer, die in vielen Fällen mit einer wilden Schlägerei endeten. Schuld an diesen Prügeleien war der Alkohol, der in den meisten Honkytonks vom Gesetz verboten war, aber in Cola- und Limonadeflaschen eingeschmuggelt wurde. Die jungen Leute vertrugen den häufig selbstgebrannten Schnaps nicht und schlugen in ihrem Übermut auf alles ein, was sich bewegte. Auch Hank Williams mit seiner Gitarre beteiligte sich daran.
Zum Grundstein für eine erfolgreiche Karriere wurde für Hank Williams die Begegnung mit Fred Rose, einem der bekanntesten Produzenten und Musikverleger des Landes. Er war ein erstklassiger Handwerker, der es verstand, die genialen Lieder seines Schützlings durch kleine Veränderungen an Text und Melodie zu vervollkommnen und noch kommerzieller zu gestalten. Er achtete jedoch streng darauf, den Charakter eines Songs nicht zu verändern, und zog es auch sonst vor, bescheiden im Hintergrund zu bleiben. Er brachte den jungen Hank bei einer Plattenfirma unter und tat alles, was in seiner Macht stand, um die Karriere des Sängers voranzutreiben. Er buchte die Studios und besorgte die Musiker, die am besten zu Hank paßten, er kümmerte sich um das Arrangement und die technischen Einrichtungen, er sorgte für die Text- und Notenblätter, die Bänder, und er holte sogar Kaffee und Sandwiches für die Pausen. Er tat mehr, als ein junger Künstler von seinem Produzenten und Manager erwarten durfte, und ermöglichte es Hank Williams, in aller Ruhe an seinen Texten und Melodien zu feilen. Der ständig kränkelnde und vom Leben nicht gerade verwöhnte Hank Williams brauchte diese Ruhe und Abgeschiedenheit, um etwas Vernünftiges auf die Beine zu stellen.
Der phänomenale Erfolg der ersten Single belohnte die gemeinsamen Anstrengungen von Künstler und Produzent. »Move it on Over« ging mehr als hunderttausendmal über die Ladentische der Plattengeschäfte und erreichte schon nach wenigen Wochen den ersten Platz der Charts. Die Fachzeitschrift »Billboard« hatte im Jahre 1941 damit begonnen, eine offizielle Hitparade abzudrukken, die sich allein an den Verkaufszahlen und Rundfunkeinsätzen

Slim Whitman

orientierte und damit ehrlicher war als die Charts der meisten Rundfunkstationen, die nur anhand der Zahl der Anrufe und Briefe zusammengestellt wurde.
Das Jahr 1949 wurde zum entscheidenden Wendepunkt in Hank Williams' Karriere. Es brachte ihn vom Star zum Superstar. Am 11. Juni betrat er zum erstenmal die Bretter, die für jeden Country-Sänger die Welt bedeuten: die Bühne der Grand Ole Opry. Als er die ersten Takte seines »Lovesick Blues« in den Saal schmetterte, ging ein Raunen durch die Reihen, und dann brach ein Beifall los, wie ihn die Opry noch nie erlebt hatte. Hank Williams hatte es geschafft. Er war zum beifallumrauschten Superstar geworden und hätte die Country Music wahrscheinlich auch in die wilden Zeiten des Rock 'n' Roll hinübergerettet, wenn er nicht den krankhaften Drang gehabt hätte, sich selbst zu zerstören. Er nahm immer mehr Pillen und griff immer öfter zur Schnapsflasche, um seine quälenden Schmerzen zu vertreiben. Die falsche Erziehung seiner Mutter ließ ihn den plötzlichen Ruhm nicht verkraften, und auch sein Freund Fred Rose konnte ihm nicht helfen, seine Probleme zu ver-

George Jones

drängen. Da auch Hanks Frau Audrey viel zu sehr mit ihren eigenen Problemen beschäftigt war und sich nicht in den schwierigen und flatterhaften Charakter ihres Mannes einfühlen konnte, fühlte er sich immer verlassener und allein. Er trieb in eine Einsamkeit, aus der es kein Entrinnen mehr gab.

In der Silvesternacht 1953 wurde Hank Williams tot in seinem Auto aufgefunden. Mit ihm starb auch die Country Music, sie wich den schrillen Klängen des Rock 'n' Roll und tauchte erst gegen Ende der fünfziger Jahre wieder aus der Versenkung auf, als ihr der frühe Elvis Presley, Carl Perkins und Johnny Cash zu neuem Leben verhalfen. Sie verschmolzen die traditionelle Country Music und den jungen Rock 'n' Roll zu einer Mischform, dem Rockabilly, der auch die jungen Leute ansprach und der Country Music neue Dimensionen aufzeigte.

Chet Atkins, der inzwischen bereits legendäre Gitarrist und Produzent, erkannte es als erster. »Die einzige Überlebenschance für die Country Music besteht darin, sie näher an die Pop Music heranzuführen«, sagte er damals und ging daran, ein modernes und zeit-

Jim Reeves

gemäßes Kleid für die aus der Mode gekommene Musik zu schneidern. Chet Atkins besaß ein einzigartiges Gespür für Stimmen und Sounds und brachte sehr viel Professionalismus in die oft als hausbacken verschriene Country Music ein. Mit Spitzenmusikern wie dem Pianisten Floyd Cramer, den Gitarristen Hank Garland und Grady Martin, dem Saxophonisten Boots Randolph und dem Schlagzeuger Buddy Harmo gelang es ihm, die Grenzen der Country Music weiter abzustecken. Künstler wie Jim Reeves, Eddy Arnold, Ray Price, Skeeter Davis, Patsy Cline und Marty Robbins tauchten auch in den Pop Charts auf und erreichten ein riesiges Publikum.

Die Grenze zum kitschigen Einheitsbrei, zum »Middle-of-the-Road«, war natürlich sehr dünn. Weniger begabte Produzenten als Chet Atkins verfielen oft der Versuchung, einen allzu süßen Song aufzunehmen, um damit auch das Schlagerpublikum zu erreichen und eine größere Kasse zu machen. Sie mißverstanden den neuen »Nashville Sound« als eine geheimnisvolle Kraft, der einen reinen Country Song in einen schmalzigen Pop-Superhit verwandelt.

Dolly Parton

Ähnlich wie heute einige Produzenten mit Disco-Sound und Synthesizer verfahren. Nur ein genialer Produzent wie Chet Atkins besaß die Begabung, einem Country-Song durch ein ausgewogenes Arrangement soviel Ausstrahlungskraft zu geben, daß er ein großes Publikum ansprach, ohne seine Herkunft zu verleugnen. Dazu gehörte auch der Einsatz von Background-Stimmen, die einem Song oft den letzten Schliff gaben. Im Rock 'n' Roll und in der Pop Music waren diese begleitenden »Uuuuhs« und »Aaaahs« längst gang und gäbe, wirkten aber oft aufgesetzt und schnörkelhaft. In der Country Music gehörten sie einfach dazu, und Chet Atkins brachte es zu einer solchen Meisterschaft im Einsatz dieser Stimmen, daß sie schon bald zu einem unverwechselbaren Markenzeichen des neuen Nashville Sounds wurden.
Parallel zu dieser Entwicklung fanden aber auch die traditionellen Instrumente wie steel guitar und fiddle wieder Eingang in die Country Music, die während der Rockabilly-Zeit kaum noch zu hören gewesen waren. Virtuosen wie Ralph Mooney, Buddy Emmons und Pete Drake brachten es zu einer solchen Meisterschaft

Johnny Cash

auf der Pedal Steel, daß sogar Country-Rock-Gruppen Gefallen an diesem Instrument fanden und es bei ihren Aufnahmen einsetzten. Bezeichnend für diese neue Ehe zwischen traditioneller und moderner Musik ist auch, daß ein Veteran wie Ralph Mooney heute in der Band des Outlaw-Königs Waylon Jennings spielt und von diesem besonders geschätzt wird.

In seiner Freizeit spielt derselbe Ralph Mooney mit seinen Freunden die alte Musik aus den Bergen von Tennessee und die von Bill Monroe perfektionierte Bluegrass Music. Der Opry-Star aus Kentucky behauptet, daß sich diese Form der Country Music aus den Melodien der schottischen Dudelsackpfeifer und dem Blues der schwarzen Sklaven entwickelt hat, aber seine Fans behaupten, daß Bluegrass als eigenständige Form gar nicht existiert und es nur die besondere Musik eines Bill Monroe gibt. An dieser kühnen Behauptung ist etwas Wahres dran. Bill Monroe entwickelte eine so eigenständige Musik, daß er bei seinen ersten Plattenaufnahmen alle Instrumente selber spielen mußte. Die nach dem blauen Gras von Kentucky benannte Bluegrass Music wird ausschließlich mit

Jim and Jesse

akustischen Instrumenten (Gitarre, Banjo, Mandoline, Fiddle, Baß) gespielt und hat einer Kommerzialisierung bis heute beharrlich widerstanden. Ein großer Verkaufserfolg war ihr nie beschieden, aber auf den Festivals im amerikanischen Osten gehört sie immer noch zur beliebtesten Musik, seitdem sich auch junge Gruppen wie Seldom Scene ihrer annahmen.
Hilfreich zur Seite stand dieser Bluegrass Revival in den sechziger Jahren die der britischen Beat-Invasion folgende Folk Revival, die Künstler wie Bob Dylan und Joan Baez nach oben spülte. Vielen Menschen stand der Sinn wieder nach ursprünglicher Musik, und Country-Interpreten wie Mac Wiseman, Doc Watson, Lester Flatt & Earl Scruggs, Jim & Jesse und die Osborne Brothers profitierten von dieser Entwicklung. Selbst Hollywood interessierte sich plötzlich für Bluegrass-Music und setzte sie in bekannten Filmen wie »Bonnie and Clyde« und »Deliverance« (»Beim Sterben ist jeder der erste«) ein.
Honkytonk-Music, ebenfalls eine eigenständige Form der Country Music, war schon in den dreißiger Jahren populär gewesen. Künst-

Selbst in New York gibt es schon Country Clubs – das Cottonwood Cafe im Greenwich Village zählt zu den Geheimtips.

ler wie Merle Travis, Ernest Tubb und Floyd Tillman hatten Themen aufgegriffen, die dem einfachen Mann auf dem Lande an die Nieren gingen, und sie scheuten sich auch nicht mehr davor, von zerbrochenen Ehen, notorischen Betrügern und Säufern und Pillenschluckern zu singen. Diese Themen waren in der als »sauber« geltenden Country Music bisher tabu gewesen, trafen aber ins Herz vieler Fans, die sich mit dieser Art von Country besser identifizieren konnten. In den sechziger Jahren führten Stonewall Jackson, Buck Owens, Merle Haggard und auch Loretta Lynn und George Jones diese Tradition fort, setzten sich mit ihrer traditionell angehauchten Musik auch gegen den Nashville Sound durch.
Eine neue Ära des Country Pop wurde bereits Ende der sechziger Jahre eingeläutet, als Roger Miller, Bobby Bare, Jerry Reed, Tammy Wynette und viele andere Interpreten immer öfter in den Pop Charts auftauchten und das städtische Publikum für die Country Music interessierten. Glen Campbell, ein typischer Vertreter die-

ses Sounds, bekam sogar eine eigene Fernsehshow, die viele Jahre lang zu den populärsten Programmen in den USA zählte. Der Produzent Billy Sherrill perfektionierte den Nashville Sound von Chet Atkins, und Künstler wie Olivia Newton-John und später auch Dolly Parton und Tanya Tucker wurden von den Puristen sogar als Verräter beschimpft, weil viele ihrer Produktionen angeblich nichts mehr mit Country zu tun hatten. Olivia Newton-John, die 1974 sogar zur besten Country-Sängerin des Jahres gewählt worden war, wanderte ins Disco- und Pop-Fach ab, aber Dolly Parton bewies immer wieder, daß eine Verschmelzung von Country und Pop Music durchaus nicht zum Schaden der Country Music zu sein braucht. Auf ihren Platten finden sich traditionelle Country Songs, in Los Angeles produzierte Pop-Evergreens und moderne Country Songs, die das Country- und Pop-Publikum ansprechen.
Kaum einzuordnen sind die »Outlaws« der Country Music, die in Texas beheimateten Abtrünnigen, die eine Grand Ole Opry als Mausoleum betrachten und auf die ungeschriebenen Gesetze des Business pfeifen. Kris Kristofferson erwähnte zum erstenmal den Sex in einem Country Song und versetzte der verlogenen Prüderie von Nashville damit einen argen Stoß; Michael Martin Murphy be-

Drei Outlaws und ein Saubermann – von links nach rechts: Kris Kristofferson, Johnny Cash, Waylon Jennings und Larry Gatlin.

Outlaws trinken Lone Star Beer – auch wenn es mit Bier wenig zu tun hat.

sang die Philosophie eines »Cosmic Cowboy« und die Outlaws Waylon Jennings und Willie Nelson lieferten mit ihrer Musik den wohl überzeugendsten Sound der letzten Jahre und ein erfrischendes Gegenstück zum Sirup vieler Nashville-Produktionen.

Willie and Waylon and the Boys, aus Nashville verstoßen und inzwischen mit offenen Armen wieder aufgenommen, bewegen sich irgendwo zwischen Rock und Country und konnten vor allem das junge Publikum für die Country Music gewinnen. Ein langhaariger Sänger wie Willie oder ein ehemaliger Rocker wie Waylon wären in den frühen sechziger Jahren undenkbar gewesen, und der harte, vom Schlagzeug und der elektrischen Gitarre bestimmte Sound vieler Outlaws treibt noch heute vielen Opry-Fans das Blut ins Gesicht. Aber Platten werden vor allem von jungen Leuten gekauft, und die hatten Country bisher immer als die Musik ihrer Großväter angesehen.

Country Music's gone upton – die Country Music ist in die Städte gegangen. Ihr Spektrum ist heute größer denn je zuvor, und reicht von der unverfälschten Bluegrass Music eines Bill Monroe bis zum Country Rock einer Supergruppe wie Alabama. Zum Banjo ist der Sound des Synthesizers gekommen, und bei großen Country-Festivals stehen betagte Großväter und Großmütter einträchtig neben jungen Rockern und Ausgeflippten. Die Country Music hat überlebt, geht mit der Zeit und wird in einer Phase, in der aus der Rock- und Pop-Music kaum noch Impulse kommen, bereits als die Musik der Zukunft bezeichnet.

Alabama: »Der Erfolg hat uns nicht verändert!«

Die erfolgreichste Country-Gruppe der Welt schlägt alle Rekorde

In »Billy Bob's« ist die Hölle los. Achttausend Fans drängen sich im größten Honkytonk der Welt, um das Konzertereignis des Jahres zu erleben. »Alabama« steht auf der großen Anzeigetafel vor dem Club, und das genügt, um alle Cowboys und Cowgirls in Fort Worth auf die Beine zu bringen. Auf dem riesigen Parkplatz steht ein Pickup Truck neben dem anderen, und die Straßen sind so verwaist wie bei einem entscheidenden Spiel der Dallas Cowboys. Alabama ist da. Die Country-Gruppe des Jahres, die Country-Sensation schlechthin. Überall in dem Riesenclub sind Sicherheitsposten stationiert, um die Begeisterung der Menge im Zaum zu halten, aber das ist schier unmöglich. Die Leute stehen in dichten Trauben vor der Bühne, tanzen zu der Musik, die aus den Lautsprechern dröhnt, johlen und jauchzen, noch bevor Alabama die Bühne betreten hat. In Texas feiert man die Feste, wie sie fallen, und dies ist eines der größten. Alabama on stage. Das muß man erlebt haben, als Country-Fan, als Rock-Fan ... überhaupt.
Wir stehen keine zehn Meter von der Bühne entfernt. Nach zähem Ringen haben wir die Erlaubnis bekommen, während des Konzertes zu fotografieren. Um uns herum ein Meer von wogenden Cowboyhüten. Bierflaschen werden emporgestoßen, wilde Rebellenschreie hallen durch den Raum. Dichte Rauchschwaden hängen über der Menge. Dann plötzliche Dunkelheit. Schemenhaft sind vier Gestalten auf der Bühne zu erkennen. Sie machen sich an den Verstärkern zu schaffen und greifen nach den bereitgestellten Instrumenten. Ein dröhnender Akkord. Scheinwerfer flammen auf. »Ladies and Gentlemen ... from Fort Payne, Alabama ... Alabama!« Die Begeisterung kennt keine Grenzen mehr. Achttausend wildgewordene Texaner jubeln ihren Idolen zu. Hüte und Stirn-

bänder wirbeln durch die Luft, Bierflaschen werden umgestoßen und verschwinden zwischen den Stiefeln der tobenden Menge. Beim Stierkampf kann der Jubel nicht größer sein. »Oh play me some Mountain Music, like Grandma and Grandma used to play ...« Jeder kennt den Text, jeder kennt die Melodie, jeder singt mit. Mädchen springen auf die Tische und wiegen sich im Rhythmus, ein junger Cowboy tanzt Arm in Arm mit einem Sicherheitsposten. Alabama is here. Alabama ... live und wahrhaftig auf der Bühne. Die Superstars in person. Die erfolgreichste Country-Gruppe der Welt gibt ihr letztes Konzert der ausverkauften Mountain Music Tour.

Ich hatte Alabama während der Pressekonferenz und den Leadgitarristen Jeff Cook einige Wochen zuvor in Nashville getroffen. »Wir waren auf den Erfolg vorbereitet«, sagt der gewichtige Solist, der auf der Bühne auch die Fiddle und die Keyboards bedient. »Das waren wir schon, als wir anfingen. Bereits nach unserer ersten kleinen Tour gründeten wir eine Firma, um den Anforderungen des Business gerecht werden zu können. Für uns ist das alles keine Party, obwohl uns die Spielerei natürlich riesigen Spaß macht.« Erfolgreich wollten Alabama bereits sein, als sie anfingen: »Aber es gibt soviel Konkurrenz im Musikgeschäft, daß uns das immer wie ein Traum erschien. Uns ging es wie vielen anderen Musikern. Wir waren zur richtigen Zeit am richtigen Ort und hatten das richtige Material. Als wir zum erstenmal in die Charts einzogen, war gerade der Film ›Urban Cowboy‹ draußen, und die breite Masse wurde aufmerksam auf Country Music.«

Die Wurzeln des Erfolges liegen im US-Bundesstaat Alabama, wo Jeff Cook, Teddy Gentry und Randy Owen nur wenige Meilen voneinander entfernt aufwuchsen. »Wir sind sogar miteinander verwandt«, erzählt Jeff, »obwohl das nichts mit unserem Erfolg zu tun hat. Teddy und Randy wuchsen auf benachbarten Farmen auf, während ich jenseits der Berge in der Stadt wohnte. Wir trafen uns oft zum Musizieren, spielten aber schon eine ganze Weile zusammen, bevor wir entdeckten, daß wir Cousins waren. Bereits mit dreizehn Jahren spielte ich Leadgitarre in einer Rockband. Ein Jahr später, drei Tage nach meinem vierzehnten Geburtstag, wurde ich von einem Pop-Sender als Discjockey verpflichtet. Unser Interesse für die Country Music geht auf unsere Eltern und Großeltern zurück, die mit Gospel und Country aufwuchsen und viel Hausmusik machten.«

Alabama in concert – ihr Auftritt in »Billy Bob's« war der Höhepunkt der Mountain Music Tour.

Alle drei wurden von dem Wunsch angetrieben, es als Country-Musiker zu schaffen. Sie übten wie besessen und fanden immer einen Weg, gemeinsam Musik zu machen. »Nach der Schule arbeitete ich für Western Electric in Anniston, Alabama«, erzählt Jeff. »Randy war noch auf dem College in Jacksonville, Alabama, und Teddy war Manager in einem Teppichgeschäft in Tennessee. Da wir unbedingt zusammenbleiben wollten, kündigte Teddy und eröffnete einen Teppichladen in Anniston. Er stellte Randy als Teppichleger an, obwohl der noch nie in seinem Leben einen Teppich verlegt hatte. Wir wollten aber zusammen sein, um neue Songs einstudieren zu können.«
Der Durchbruch ließ aber noch neun Jahre auf sich warten. Die Drei von Alabama tingelten von Club zu Club, stellten ihre Platten selbst her und fuhren auch nicht viel besser, als sie ihre Jobs kündigten und in Myrtle Beach (South Carolina) nur noch Musik machten. Dort spielten sie zwar sechsmal pro Woche in einem Club und machten auch ein kleines Label auf sich aufmerksam, aber zum Leben war das immer noch zu wenig. Erst im April 1980,

Teddy Gentry bei einer Alabama-Pressekonferenz in Fort Worth, Texas – auch er blieb keine Antwort schuldig.

als sie die Hoffnung schon fast aufgegeben hatten, trat eine große Plattenfirma an sie heran. Jeff Cook erinnert sich: »Das war kurz bevor wir den Song ›I Wanna Come Over‹ herausbrachten, der die ganze Sache ins Rollen brachte. Unser Schlagzeuger hatte wieder mal gekündigt, das war uns zuvor schon so um die sechs Mal passiert. Manche blieben nur zwei Wochen, und ich kann das gut verstehen. Wir probten ja dauernd dieselben Sachen, ohne irgendwie Land zu sehen. Auf die Dauer wurde das natürlich nervtötend und entmutigend, auch für mich. Ich bekam ein Angebot von einer Rundfunkstation, ein wirklich guter Job, so eine Art Programmchef und Production Manager in einer Person. Da kam ich natürlich schon ins Grübeln. Wenn ich schon verhungern sollte, dann ging das mit einem regelmäßigen Einkommen weitaus besser. Dann erinnerten wir uns an Mark Herndon, unseren jetzigen Drummer, und beschlossen es noch einmal zu versuchen. Er hatte schon mal wegen eines Jobs bei uns vorgesprochen, und wir luden ihn noch einmal zum Vorspielen ein, zusammen mit einigen

Mark Herndon, der Schlagzeuger von Alabama, stieß als letzter zu der neuen Supergruppe.

anderen. Er kam eine Viertelstunde zu früh und bekam den Job. Der Rest ist, na, wie soll ich sagen, der Rest ist Geschichte.«
»I Wanna Come Over« erreichte die Top 40, und das erste Album »My Home's In Alabama« wurde zu einem wahren Verkaufsschlager. Das Phänomen Alabama war geboren, und kaum jemand wurde gewahr, daß der Erfolg nicht über Nacht, sondern nach vielen Jahren harter Arbeit gekommen war. Vielleicht eine Erklärung für die Beständigkeit der Gruppe in den letzten vier Jahren. Jeff Cook, Randy Owen, Teddy Gentry und Mark Herndon flippten nicht aus, waren durch die vielen Jahre in den Clubs zusammengewachsen und stiegen mit einer guten Portion Erfahrung und Vorsicht beladen auf die ersten Sprossen der Erfolgsleiter. »Wir waren auf den Erfolg vorbereitet«, sagt auch Randy Owen. »Als Privatleute sind wir jetzt noch viel konservativer als früher. Wir sind nach dem ersten Nummer 1-Hit nicht ausgeflippt wie viele Kollegen. Der Erfolg hat uns nicht verändert. Na ja, eine Sache, ich habe mir zum erstenmal einen neuen Wagen gekauft. Ansonsten ... mehr

Leute interessieren sich jetzt für uns, die Presse, das Fernsehen und so, aber sonst ist alles beim alten geblieben.«
Was Randy Owen so lapidar mit »Erfolg« bezeichnet, ist in Wirklichkeit eine Sensation ersten Ranges, zumindest für eine Country-Band. Von den ersten fünf Langspielplatten wurden über zwölf Millionen Exemplare verkauft. Fast jede Single landete auf einer Spitzenposition der Country Charts und nicht selten auch in den Pop Charts. Die Mitglieder der angesehenen Country Music Association wählten Alabama wiederholt zur besten Country-Gruppe des Jahres, es regnete Auszeichnungen und Preise im In- und Ausland, und sogar ein begehrter Grammy Award war darunter. Alabama-Songs waren unter den meistgespielten Platten fast aller Rundfunkstationen und Musikboxen. »Darauf sind wir besonders stolz«, sagt Teddy, »weil die Fans uns dadurch zeigen, daß wir wirklich die Nummer eins bei ihnen sind. Wir kümmern uns sehr um unsere Fans. Es kostet keinen müden Heller, Mitglied in unserem Fan-Club zu werden, und wir beliefern die Leute mit einem Newsletter, in dem Tourneepläne und viele Neuigkeiten über die Alabama stehen. Unser Club hat zur Zeit so um die 75 000 Mitglieder.«
Aber was nützen die treuesten Fans, wenn die Qualität nicht stimmt. Alabama legt größten Wert auf Qualität. »Wir suchen immer die zehn besten Songs für ein Album aus«, sagt der Basist Teddy Gentry, »egal, ob sie von uns stammen oder nicht. Mit eigenen Songs verdienen wir natürlich mehr Geld, aber uns ist wichtiger, daß unter dem Namen Alabama nur das Beste verkauft wird. Wir hören uns alle Bänder an, die uns geschickt werden, auch wenn wir jetzt weniger Zeit haben. Die Lieder anderer Songschreiber bringen wir natürlich auf unsere Weise.«
So wie »The Closer You Get«. Oder »Dixieland Delight«. Oder »Roll On (Eighteen Wheeler)«. Jeder dieser Songs erklingt im unverwechselbaren Alabama-Sound, einer Mischung aus hartem, unverfälschten Rock und down-home Country Music. Dazu der harmonische Satzgesang der Gruppe, der in den vielen Lehrjahren zur Perfektion gereift ist. »Für unseren Sound ist der unterschiedliche Background verantwortlich«, erklärt Jeff Cook. »Ich habe ja lange in einer Rock-Band gespielt und überrasche die Leute bei einem Country-Song oft mit lupenreinen Rock-Licks. Teddy bringt bei einem Rocker oft Country-Läufe. Die Kombination verschiedener Stilrichtungen und Einflüsse macht, glaube ich, das Geheimnis

Loretta Lynn (Sissy Spaceck) greift zum erstenmal zur Gitarre – eine Szene aus dem Film »Coalminer's Daughter« (»Nashville Lady«).

unseres Sounds aus. Viele Fans und Kritiker haben Schwierigkeiten, uns einzuordnen, aber wir wollen auch gar nicht eingeordnet werden. Unsere Musik ist Alabama. Der eine mag sie für Rock halten, der andere für Country, uns ist das egal, solange sie ankommt.«

Einer der größten Hits der Gruppe war »Mountain Music«. »Den Song hat Randy geschrieben«, sagt Jeff, »ein fröhliches Ding. Außerdem darf ich da zur Fiddle greifen, und sowas kommt ja immer bei den Leuten an.« Bei der Single fehlt der lange Drum Break vor dem Fiddle-Solo, warum eigentlich? Jeff grinst. »Das Getrommel brauchen wir vor allem bei den Live-Auftritten, damit ich Zeit habe, von der Gitarre auf die Fiddle überzuwechseln.« Und der Gag auf der LP, die Walter-Brennan-Imitation, bevor der Song beginnt? »Das spricht ein Typ namens Bob Martin, er gehört zu unserer Road Crew und ist für das Stimmen der Instrumente verantwortlich.«

Alabama – ein Sound wie aus einem Guß, und doch sehr unterschiedliche Lieder auf den bisher fünf Lps der Gruppe. Mal langsam, mal schnell, mal rockig, mal straight country, mal Rhythm and Blues. »Jeden Song, den wir aufnehmen, gehen wir individuell an«, meint Jeff, »wir wollen keine Konzeptalben, jede LP soll die ganze Bandbreite zeigen.« So geschehen auf »My Home's In Alabama«, »Feels So Right«, »Mountain Music«, »The Closer You Get« und »Roll On«. Fünf hochkarätige Alben, die keinen schwachen Punkt aufweisen und nicht umsonst von der Kritik mit Lob überschüttet und von der Industrie mit Gold und Platin ausgezeichnet wurden. Einfühlsame Balladen wie »Lady Down On Love« und »Carolina Mountain Dew«, fetzige Rocker wie »Fire In the Night« und »Loving You Is Killing Me« und mit musikalischen Überraschungen gespickte Hits wie »Mountain Music« und »Dixieland Delight« zeigen Alabama in Hochform und eröffnen der Country Music neue Dimensionen.
»Ain't we having fun?« ruft Teddy Gentry ins Publikum, »haben wir nicht 'ne Menge Spaß miteinander?« Als ob er noch eine Bestätigung bräuchte bei achttausend aus dem Häuschen geratenen Texanern. Billy Bob's steht Kopf, so eine Begeisterung hat es hier noch nie gegeben. Und als Teddy, Randy, Mark und Jeff ihr Rock-Medley als Zugabe bringen und harte Töne wie »Satisfaction« anschlagen, da vergessen sogar die bravsten Cowboys, daß in der Country Music eigentlich leisere Töne gefragt sind. Aber bei Alabama wird selbst der alte Stones-Knüller zum Country-Hit. Country, das ist nicht nur Musik, das ist ein Gefühl, eine Lebensauffassung. Und Alabama bringen die Botschaft unters Volk. »See you next year«, schreit Teddy, »bis nächstes Jahr!« Hoffentlich auch bald in Europa.

Emmylou Harris – zwischen Bluegrass und Rock

Die neue »Queen of Country Music« geht unbeirrbar ihren Weg

Eigentlich wollte sie ja Tierärztin werden. Oder Astronautin. »Aber diese Flausen gaben sich, als ich älter wurde«, gestand mir Emmylou Harris während des Country Music Festivals 1984 in Frankfurt. »Ich beschloß, nach der Schule an die Ostküste zu ziehen, um dort vom Theater entdeckt zu werden. Aber ich mochte die Musik zu gern und fand schon bald heraus, daß mein Platz in der Folk Music Scene von Washington D.C. war. Ich bekam auch einen Plattenvertrag und tingelte ein bißchen, aber dann verschwand die Folk Music von der Bildfläche, und ich stand wieder ohne Job da. Ich heiratete und bekam ein Baby, noch bevor ich überhaupt an Country dachte. Nach meiner Scheidung im Jahre 1970 zog ich mit meiner kleinen Tochter zu meinen Eltern. Ich begann wieder zu singen und traf Gram Parsons, der mich einlud, mit ihm on the road zu gehen und Platten aufzunehmen. Seinem Einfluß ist es zu verdanken, daß ich zu einer Country-Music-Fanatikerin wurde.«
Gram Parsons wird heute noch von vielen Country-Rock-Fans als Guru verehrt. Der leider viel zu früh verstorbene Sänger verließ die Byrds, als diese sich immer mehr dem elektrischen Rock zuwandten, und gründete zusammen mit Chris Hillman die Flying Burrito Brothers, die in vollkommen veränderter Besetzung auch heute noch existieren. Als Emmylou zu diesem Zirkel ausgesuchter Folk- und Country-Solisten stieß, waren die Burritos gerade dabei, ihre Talente in Solo-Alben zu investieren, und Gram Parsons tat sich mit der jungen Sängerin für mehrere ehrgeizige Projekte zusammen. Das hatte auch persönliche Gründe. Die beiden verliebten sich ineinander, und erst der tragische Tod des Ex-Burritos machte der Beziehung ein plötzliches Ende. »Er beeinflußte mich mehr als jeder andere«, gesteht Emmylou, »natürlich gab es auch andere

Einflüsse, aber er führte mich zu einem ganz neuen Stil, zu einer ganz neuen Musik. Sogar mein Gesang veränderte sich. Ich hatte mich früher immer als Harmonie-Sängerin betrachtet und auch meine Solo-Alben so angelegt. Manchmal pflege ich diese Tradition auch heute noch.«

Emmylou Harris sang auf Gram Parsons' Solo-Alben »GP« und »Grievous Angel« mit und beeindruckte die Bosse der Plattenfirma Warner Brothers so sehr, daß sie einen Plattenvertrag bekam. Gleich mit ihrem ersten Album »Pieces of the Sky«, das 1975 auf den Markt kam, hatte sie riesigen Erfolg. Die LP und die ausgekoppelte Single »If I could Only Win Your Love« landeten auf Platz 1 der amerikanischen Country Charts und machten die Sängerin auch in Europa bekannt. Dort schätzte man sie allerdings mehr als Country-Rockerin. Ihre nächsten Alben »Elite Hotel« und »Luxury Liner« schienen ja auch zu beweisen, daß sie es darauf abgesehen hatte, einer Linda Ronstadt den Rang abzulaufen und sich als Interpretin eines melodiösen und von der Country Music stark beeinflußten Rock zu etablieren.

Aber Emmylous Herz gehörte immer schon der Bluegrass Music, und ihre Alben »Blue Kentucky Girl« und das vielbeachtete »Roses in the Snow« bewiesen auf eindrucksvolle Weise, daß die Sängerin keine Kompromisse machen und das Publikum mit traditionellen Country-Klängen erobern wollte. Ein riskantes Unterfangen, hatte sich doch Nashville gerade zu dieser Zeit von seinen Wurzeln losgesagt und waren die Plattenfirmen doch gerade in den siebziger Jahren bestrebt, mit einer dem Pop und Rock nahestehenden Country Music ein größeres Publikum zu gewinnen. Vielleicht ging Emmylous Rezept gerade deswegen auf. Ihre Bluegrass- und Traditional-Platten wurden zu riesigen Verkaufserfolgen und brachten ihr nicht nur eine Menge Geld, sondern auch einen Grammy Award und den Preis der Country Music Association als beste Sängerin des Jahres ein. »Ich betrachtete diese Platten als Fortschritt«, sagt sie. »Ich mochte immer schon Bluegrass. Mein Bruder war ein großer Bluegrass- und Country-Fan, und ich hörte alle seine Platten. In Washington D.C. traf ich die Jungs von Seldom Scene und Ricky Skaggs, der damals noch mit den Country Gentlemen spielte. Nach unseren Auftritten trafen wir uns regelmäßig im Haus eines Freundes und musizierten. Während dieser Zeit lernte ich viele Lieder, die später auf meinen Platten erschienen. Als Ricky Skaggs sich meiner Band anschloß, trafen wir uns

Emmylou Harris und Albert Lee beim Country Festival in Frankfurt – die umjubelten Stars des Abends.

noch viel öfter, und Bluegrass nahm einen immer größeren Teil meines musikalischen Lebens in Anspruch. Daher entschlossen wir uns, ein Bluegrass-Album aufzunehmen. Wenn wir nach unseren Auftritten Bluegrass spielen konnten, dann konnten wir es genausogut während der Show tun.«

Zwischen Bluegrass und Rock bewegte sich Emmylous Karriere auch in den folgenden Jahren. Langspielplatten wie »Evangeline« und »Cimarron« vereinten traditionelle Country-Klänge mit modernem Rock, und Anfang 1984 legte die Sängerin mit »White Shoes« sogar ein Album vor, das Pop-Balladen wie Donna Summers »On the Radio« enthielt. »Mit ›White Shoes‹ tanzte ich aus der Reihe«, gesteht sie. »Wir nehmen immer wieder mal Songs auf, die aus dem Rahmen fallen, und beschlossen, diese Lieder auf einer LP zusammenzufassen, anstatt sie auf mehrere Alben zu verteilen. Ich habe nicht die Absicht, von meiner Linie abzuweichen, und werde auch weiterhin traditionelle Country Music und Bluegrass singen. Ich habe zu hart daran gearbeitet, mich mit dieser Musik durchzusetzen.«

Die Zeichen stehen günstig für Emmylou. Nach einer Phase, in der die Produzenten krampfhaft versuchten, jeden Country Song auf Pop zu trimmen, wuchs ein Publikum nach, das auch den traditionellen Klängen wieder etwas abgewinnen kann. Junge Künstler wie Ricky Skaggs, ein enger Freund der Sängerin und ehemaliges Mitglied ihrer Hot Band, sein Familienclan The Whites und John Anderson haben es verstanden, eine mit modernen Elementen angereicherte Bluegrass Music in die Hitparaden zu bringen und sich gegenüber einer Supergruppe wie der Country-Rock-Formation Alabama zu behaupten. »Auch in den USA besinnt man sich wieder auf die traditionellen Elemente«, hat Emmylou Harris erkannt. »Die Country Music hat ihre Wurzeln nie verloren. Manches, was im Radio gespielt wird, schimpft sich Country, aber richtige Country Music erkennt man sofort. Sie hat etwa Reines und Unverfälschtes. Wird ein Song von einer Country Station gespielt, heißt das noch lange nicht, daß er auch Country ist. Glücklicherweise haben die Plattenfirmen und auch die Radiostationen erkannt, daß es auch für Künstler wie Ricky Skaggs, The Whites und John Anderson ein Publikum gibt. Auch ich habe ja ein Publikum gefunden. Ich war immer der Meinung, daß es mehr Raum für traditionelle Künstler geben müsse. Das heißt nicht, daß man in die fünfziger Jahre zurückgehen muß. Auch Rosanne Cash ist für mich Country. Ihre Musik weist dieselbe Sensibilität auf wie die der Whites, zumindest für meine Ohren.«

Back to the roots – zurück zu den Wurzeln der Country Music. Die Country-Fans in Europa werden es zu schätzen wissen. Sie haben dem seichten Nashville Sound noch nie etwas abgewinnen können und lechzen geradezu nach den urwüchsigen Klängen, wie sie während eines Emmylou-Harris-Konzertes aus den Lautsprechern klingen. Der Beifall in Frankfurt bewies es – und die Pfiffe für einen Crossover-Künstler wie B.J. Thomas auch. Keep it country, Emmylou.

Waylon Jennings: »Ich liebe Rock 'n' Roll!«

Der Outlaw-Star bleibt keine Antwort schuldig

»It's Only Rock 'n' Roll« hieß eines der letzten Alben des amerikanischen Country-Stars Waylon Jennings. Er erfüllte sich damit einen großen Wunsch. Seit vielen Jahren wollte er eine Langspielplatte mit bekannten und weniger bekannten Rockern aus den fünfziger und frühen sechziger Jahren aufnehmen. Ol' Waylon stand schon immer auf fetzige Klänge und schwärmt noch heute von der Zeit, als er mit Buddy Holly und den Crickets auf Tour ging und für den Altmeister den Bass zupfte. Nur durch einen glücklichen Zufall entging er damals einem frühen Tod. Am 3. Februar 1959 kamen Buddy Holly und zwei seiner Crickets bei einem Flugzeugabsturz ums Leben. Waylon erinnert sich: »Wir waren lange auf Tournee gewesen, Mann. Unsere Kleider waren schmutzig, und wir waren verdammt müde. Sogar unser Bus war nicht mehr in bester Form. Also charterte Buddy ein Flugzeug für sich, Tommy Allsop und mich. Wir waren hinter der Bühne, als der Big Bopper mich fragte, ob er meinen Platz haben könne. Er hatte Grippe, und ich war natürlich einverstanden. Ein paar Stunden später hörte ich von dem Absturz. Ging mir verdammt an die Nieren.« Buddy Holly starb, aber Waylon führte sein Erbe fort und spielt heute eine rokkige, stark vom Rhythmus beeinflußte Country Music, die auch bei den Rock-Fans ankommt. 1983 konnten sich die Fans in Deutschland selbst davon überzeugen. Waylon ging zum erstenmal auf Deutschland-Tournee und kam in Frankfurt und München genauso gut an wie in Atlanta und Fort Worth. Ich begleitete den Star auf seiner Tournee, führte das folgende Interview aber in Baton Rouge, Louisiana. Der sonst eher scheue Waylon, in den Staaten als Interview-Partner gefürchtet, machte eine Ausnahme für seine deutschen Fans und gab bereitwillig Auskunft.

Hat es dich überrascht, daß Country Music in Europa so populär ist?

Weißt du was? Ich war überhaupt nicht überrascht. Ich hab' mich immer dafür interessiert, was in Europa los ist. Duane Eddy (der frühere Mann von Waylons jetziger Frau) und Buddy Holly waren ja immer sehr populär in Europa. Wenn die europäischen Fans einen erst mal mögen, halten sie auch zu einem. Am bemerkenswertesten ist, daß die europäischen Fans alle Platten kennen. Sie kennen nicht nur den Sänger, sondern auch die Namen der einzelnen Musiker. Sie kennen den Gitarristen, den Fiddler ... einfach jeden. Die meisten Amerikaner interessiert das überhaupt nicht.

Man liest überall, du habest deine Karriere als Discjockey begonnen ... als kleiner Junge in deiner Heimatstadt Littlefield (Texas). Stimmt das?

Na, so ungefähr. Mit zwölf Jahren sang ich mal in einer fünfzehnminütigen Radio-Show. Dann lief alles ziemlich durcheinander. Ich war ungefähr vierzehn, als ich jeden Nachmittag zwei Stunden als Discjockey arbeitete. Ich bediente halt den Plattenspieler und das Bandgerät mit den Werbedurchsagen. Wir hatten diese alten Willcox-Bandgeräte, ziemlich schäbige Dinger, die man treten mußte, damit sie liefen. KBUW hieß der Sender. Ich begann, Musik zu mögen ... alle Arten von Musik. Der Chef des Senders hinkte ungefähr dreißig Jahre hinterher, und dementsprechend sah auch das Programm aus. Wir hatten sogenanntes *block programming,* fünfzehn Minuten Country Music, fünfzehn Minuten Klassik, Pop, und so weiter. Ich mußte mir den ganzen Kram anhören, mir blieb gar nichts anderes übrig, als das Zeug zu mögen. War so 'ne Art Selbstverteidigung. Darum bin ich ja so verrückt.

Die Freundschaft mit Buddy Holly war ja wohl sehr wichtig für deine Karriere und dein späteres Leben. Wie kam es dazu?

Buddy Holly war einer meiner besten Freunde. Ich habe viel

Waylon Jennings, der Star des Marlboro Country Music Festivals 1983.

von ihm gelernt, auch menschlich. Wir haben über alles gesprochen. Er hatte eigentlich immer für mich Zeit. Er war ein guter Mann, ein glücklicher Mensch, und er war ein großer Künstler. Buddy und ich kannten uns schon, als wir in Littlefield und Lubbock spielten. Littlefield ist meine Heimatstadt. Wir spielten in der näheren Umgebung, bei Talentwettbewerben ... überall, wo wir einen Job ergattern konnten ... in Eislaufhallen, bei Schlägereien ... Ein Wettbewerb lief ein ganzes Jahr, und wir mußten jede Woche spielen. Wirklich, ich habe viel von Buddy gelernt. Er war der erste, der nach schwarzem Blues und Rock 'n' Roll den Durchbruch schaffte. Er brachte als erster etwas Neues, seine Art von Rock 'n' Roll.

In Nashville warst du oft mit Johnny Cash zusammen. Hattest du zu ihm ein ähnlich gutes Verhältnis?

Waylon Jennings, der Outlaw-König aus Texas, begann seine Karriere als Discjockey und Mitglied der Crickets.

Viele Leute wollen das einfach nicht wahrhaben. Ich mag Johnny Cash, er ist mein Bruder. Vielleicht ist unsere Beziehung sogar noch enger. Wenn es bei ihm mal nicht so läuft, wenn irgend etwas nicht stimmt, kann ich das spüren. Ich weiß, wie man mit Johnny reden muß, und umgekehrt ist es dasselbe. Johnny und ich hatten beide unsere Drogenprobleme, wir haben sie allerdings nie geteilt. Wir teilten uns damals eine Wohnung, und ich sagte zu ihm: »Ich hab' dir nicht die erste Pille gegeben, und ich will dir auch nicht die letzte geben. Jeder soll sein Problem allein lösen.« Und so lief es dann auch. Ach, da war noch was: ich glaube, wir hielten den Rekord im Türen-Eintreten. Wenn Johnny von einer Tournee nach Hause kam, schloß er sich meistens ein, um ungestört ausschlafen zu können. Was blieb mir da anderes übrig, als die Tür einzutreten? Ich konnte ihn ja schlecht aufwecken. Aber das war nur ein Grund. Wir mußten die Tür auch eintreten, wenn wir beide Hände voll hatten, und der Schlüssel in der hinteren Tasche steckt. Na ja, und wenn wir mal so richtig Dampf ablassen mußten. Ein herrliches Gefühl, wenn die Tür nachgibt!

Wie kamst du eigentlich dazu, in dem Film »Nashville Rebel« mitzuspielen?

Ich will dir was sagen: das war so ungefähr der mieseste Job, den ich jemals hatte. Johnny und ich wohnten damals noch zusammen, aber er war gerade auf Tournee, ich glaube, in England. Meine Frau und ich lebten getrennt, wir mochten uns nicht mehr, ich war also ganz allein. Die Filmleute baten mich, vorzusprechen, und ich ging halt hin, war gerade toll in Stimmung. Na, schlechter kann man so 'ne Sache einfach nicht machen, Mann. Ich mußte alles ablesen und hatte nicht besonders viel zu tun. Ich merkte ziemlich schnell, daß ich mit dem Film eigentlich nichts zu tun haben wollte. Also machte ich meine Sache so schlecht ich konnte. Sie nahmen mich trotzdem. War so ungefähr die langweiligste Geschichte, mit der ich jemals zu tun hatte. Die Schauspielerei interessiert mich auch heute nicht besonders. Klar, einige meiner besten Freunde sind Schauspieler, und ich respektiere sie alle, aber ich weiß nicht ... Ich will dir sagen, was Schauspielerei für mich bedeutet. Du bist ein kleiner Junge und spielst hinter dem Haus. Sitzt auf einem Steckenpferd und fühlst dich als der größte. Läßt kernige Reden los und fluchst sogar ein bißchen. Du sprichst zu Dale Evans und Roy Rogers, denn du bist ja Gene Autry, der Held. Dann drehst du dich um und bemerkst, daß dein Vater dir die ganze Zeit zugesehen und zugehört hat. Das ist so ungefähr das Gefühl, das man beim Schauspielern hat, wenn man nicht weiß, was man machen soll.

Aber vor zwei, drei Jahren hast du noch mal in einem Fernsehfilm mitgespielt. Es ging, glaube ich, um Football ...

Yeah, der Film hieß »The Oklahoma Dolls«, das ist der Name

eines Frauen-Football-Teams. Ich glaube an die Gleichberechtigung der Frau. Ich glaube, sie sind viel cleverer als wir. Wie sollte es sonst eine Frau bei mir aushalten? Die Männer haben in der Politik und in der Religion so ziemlich alles kaputt gemacht. Ich hab' oft darüber nachgedacht. Hier in den Vereinigten Staaten haben die Männer alle Ämter kontrolliert, so auf die Macho-Tour. Wir haben alles bestimmt und die Frauen hinter uns gelassen. Ich glaube, es ist an der Zeit, ihnen die ganze Sache zu überlassen ... für ein paar hundert Jahre. Wir Männer haben in der letzten paar hundert Jahren ziemlich wenig zustande gebracht. Es gibt tatsächlich ein Football-Team, das »The Oklahoma Dolls« heißt. Die Mädchen waren in dem Film zu sehen. Wir sind gute Freunde geworden.

Billie Joe Shaver ist ein guter Freund von dir. Bedeutete das Album »Honkytonk Heroes«, das aus seiner Feder stammt, einen Wendepunkt in deiner Karriere?

Ich mag Billy Joes Texte. Ich hab' keine Ahnung, wo er sich zur Zeit rumtreibt, ich hab' gehört, er soll irgendwo predigen. Aber er ist ein guter Junge, ein toller Songschreiber. Er kam mit diesen Songs zu mir und sagte: »Mann, ich glaube an das Zeug. Laß uns ein Album zusammen machen.« Ich nahm also eine LP mit seinen Songs auf. Das Ding hat uns beiden sehr geholfen. Eine Hand wäscht die andere.

Songs wie auf »Honkytonk Heroes« wurden bald als Outlaw Music bekannt. War das nur ein kommerzieller Trick?

Ich will dir sagen, was es war ... es war ein Trick, um Platten zu verkaufen. Der Name kommt von dem Album, das ich zusammengestellt habe. Ich und Willie und Jesse und Tompall ... das Ding hieß »Wanted – The Outlaws«. Ich wollte nicht, daß sie es so nannten, es gab nämlich damals eine Gruppe, die auch Outlaws hieß. Ich bin immer noch der Meinung, daß viele Leute ihr hart verdientes Geld ausgaben, um diese Band zu sehen ... nicht uns. Tja, und dann gingen sie nach Hause

Und vor dem Auftritt ging's noch schnell zum Oktoberfest – mit Waylon, seiner Frau Jessi und Sohnemann Scooter.

und sagten: »Mein Gott, was haben wir da wieder vorgesetzt bekommen. Wir dachten, die Outlaws kommen, und wen haben sie geschickt? Drei Trunkenbolde und ein hübsches Mädchen.«

Willie und Waylon … diese beiden Namen sind zu einem Markenzeichen für Outlaw Country geworden. Wann und wo habt ihr euch kennengelernt?

1962 in Phoenix (Arizona), im Riverside Hotel. Er wollte mich treffen, und ich wollte ihn treffen … da bin ich halt rauf zu ihm. Es ist mehr als eine Freundschaft, was uns verbindet. Wir sind zusammen durch die Hölle gegangen … und haben auch so manches Höllenfeuer entfacht. Er ist ein wundervoller Mensch.

Der Song »Good-Hearted Woman« wurde zu 'ner Art Nationalhymne für euch. Basiert der Text eigentlich auf einer wahren Geschichte?

Ja. Willie und ich spielten Poker in Fort Worth, und ich erzählte ihm, daß ich am nächsten Tag ins Studio mußte. »Ich hab' da 'nen Song«, sagte ich, »das Ding ist fast fertig, und ich muß unbedingt noch ein paar Zeilen finden.« Wir haben den Song zusammen fertig geschrieben. Aber ... ja, der Text handelte von Jessi und mir. Die Anfangszeile hab' ich in einer Zeitung gelesen, in einer Kritik über Ike und Tina Turner. Da stand: »... Tina Turner singing songs about good-hearted women loving good-timing men.« Da hab' ich die Idee her. Tina Turners neues Album heißt übrigens »Good-Hearted Woman«. Sie hat den Song aufgenommen, hat aber keine Ahnung, wo ich die Idee her habe. Egal, der Song war ziemlich erfolgreich und brachte mich ein gutes Stück weiter.

In einem anderen erfolgreichen Song geht es um ein Nest im amerikanischen Westen ... Luckenbach, Texas. Warst du jemals in Luckenbach?

Nein, noch nie. Vielleicht bin ich mal durchgefahren, das Kaff liegt ja westlich von Austin, wo ich oft war. Der Junge, der das Lied geschrieben hat, war auch nie da. Aber der Ort hat mit dem Song auch gar nichts zu tun. Es geht darum, zu den wesentlichen Dingen zurückzukehren ... back to the basics. Hast du mal von Hondo Crouch gehört, dem Besitzer von Luckenbach? Er verfolgte dieselben Ziele. Everybody's Somebody in Luckenbach. Er war ein guter Kerl. Jerry Jeff Walker sagt ja, es sei ein Sakrileg, über Luckenbach zu singen und niemals dagewesen zu sein. Weißt du, was ich ihm geantwortet habe: »Erzähl du niemandem, daß ich noch nie in Luckenbach war, dann verrate ich niemandem, daß du in New York City aufgewachsen bist!« Kennst du irgendeinen Country-Sänger aus New York? Mann, das ist ein Sakrileg!

Warum hast du den alten Rocker »Lucille« aufgenommen?

Ich liebe Rock 'n' Roll. Ich wollte den Song schon vor langer Zeit aufnehmen. Ich hab' halt mal mit einigen Oldies rumgespielt. Hab' noch ein paar andere Songs, die ich auf diese Weise geändert habe. Es sind immer noch dieselben Songs, aber bei mir klingen sie anders. Oh, und ich mochte Little Richard schon immer. Vor langer Zeit feuerte mich eine Radio-Station, weil ich seine Songs spielte. Er ist toll. Tja, und »Lucille« ist nicht gerade ein Standard ... außer für eingefleischte Rock 'n' Roll-Fans.

Deine beiden Leibwächter sind Hell's Angels ...

Ja, die Jungs sind wirklich gute Freunde von mir. Sie sind für meine Sicherheit verantwortlich, und ich kann mir keine besseren Leibwächter vorstellen. Sie fassen die Leute niemals an. Viele Leibwächter tun das ja, aber diese beiden sind so stark, die haben das nicht nötig.

Albert Lee: »Ich bin noch immer nicht gut genug!«

Der beste Country-Gitarrist der Welt begann auf einer billigen Kaufhaus-Gitarre

Die eingefleischten Country-Fans liegen ihm zu Füßen, und die Rock-Fans kennen zumindest den unverwechselbaren Sound seiner Gitarre. Albert Lee. Er steht im Schatten der Kassenmagneten, verkriecht sich auf der Bühne meist weit nach hinten und ist doch selbst ein Superstar. Sein Name steht auf den Plattenhüllen von Emmylou Harris, Ricky Skaggs, Rodney Crowell, Rosanne Cash, Joe Cocker, Jackson Browne, Jerry Lee Lewis, Herbie Mann, Eric Clapton und den Everly Brothers, und jeder dieser Superstars schwärmt vom rasanten und einprägsamen Spiel dieses Gitarristen, der selbst bescheiden wie ein Schuljunge geblieben ist. »Nach zwei, drei Jahren glaubte ich ganz gut auf der Gitarre zu sein«, sagt er, »aber ich bin noch immer nicht gut genug. Ich spiele jetzt fünfundzwanzig Jahre und übe immer noch und feile an meinem Sound.«

Albert Lee wuchs in einer sehr musikalischen Familie auf und kam schon früh mit Musik in Berührung. »Mein Vater spielte Klavier und Akkordeon, bei uns zu Hause war musikalisch immer was los. Als ich zum erstenmal Rock 'n' Roll im Radio hörte, flippte ich fast aus. Country Music hörte ich schon in den sechziger Jahren, ich besorgte mir alle Platten, die ich bekommen konnte, und das war ja nicht einfach in Europa. Ich lernte viel von diesen Platten.«

Während Elvis, Little Richard und Jerry Lee Lewis mit ihrem Rock 'n' Roll die Welt eroberten und die Beatles und Rolling Stones bereits in Lauerstellung lagen, versuchte Albert sich zum erstenmal auf einer Gitarre – mit Country Music. »Man braucht keine teure Gitarre, um spielen zu lernen«, sagt er, »ich hatte während der ersten Jahre überhaupt keine. Ich lieh mir eine billige Kaufhaus-Gitarre, deren Saiten so hart waren, daß sie mir dauernd in die Finger schnitten.

Heute besitze ich eine Telecaster, auch kein besonders teures Ding, aber sie reicht vollkommen aus.«
In den USA machte Albert Lee die Superstars auf sich aufmerksam. Er selbst hielt sein Spiel nicht für perfekt genug, aber Künstler wie die Everly Brothers und Joe Cocker schwärmten von seinen rasanten Soli und verpflichteten ihn vom Fleck weg. Zu Emmylou Harris' berühmter Hot Band stieß er mehr aus Zufall. Als eingefleischter Country-Fan ging er in ein Konzert der Sängerin, um mal wieder unverfälschten Bluegrass zu hören und alte Freunde zu begrüßen. »Ich kannte einige Mitglieder der Hot Band, hatte mit ihnen im Studio zusammengearbeitet. Der Zufall wollte es, daß Emmylou gerade nach einem neuen Gitarristen suchte. Um ganz ehrlich zu sein, sie hielten nach mir Ausschau. Und da war ich. Ich unterschrieb und blieb zwei Jahre lang bei Emmylou und der Hot Band.«
Emmylou Harris bewies ein gutes Händchen bei der Auswahl ihrer Musiker. Fachleute und Fans priesen ihre Hot Band als beste Country-Band der Welt, und nicht umsonst gingen aus dieser Gruppe so bekannte Solo-Stars wie Ricky Skaggs und Rodney Crowell hervor. Ricky versteht es, traditionelle Bluegrass Music im modernen Gewand zu präsentieren, und wurde von der Country Music Association als bester Country-Sänger des Jahres geehrt, und Rodney Crowell gilt als erfolgreichster Songschreiber von Nashville. Fast alle Country-Stars hatten Hits mit seinen Liedern. »Die Hot Band war immer schon sehr gut und ein ideales Trainingsfeld für Künstler wie Ricky und Rodney«, sagt Albert Lee. »Sie wußten genau, was sie wollten, und wurden sehr erfolgreich. Ich wollte, ich wäre so erfolgreich. Aber ich bin glücklich und zufrieden, ich spielte immer in einer sehr guten Band.« Bescheiden verschweigt Albert seine beiden Solo-Alben, die zwar nicht zu großen Verkaufserfolgen wurden, aber bei der Kritik sehr viel Anerkennung fanden. »Die Musik auf meinen Solo-Alben drückt das aus, was ich damals fühlte«, gesteht er nach langem Zögern. »Während den Aufnahmen zu meiner ersten LP spielte ich bei Emmylou, und es erschien nur natürlich, daß ich Country-Rock-Stücke aufnahm. Beim zweiten Album arbeitete ich für Eric Clapton, und die Sache wurde etwas rockiger. Ich mag Country, und ich mag Rock. Die beiden Musikrichtungen sind ja sehr verwandt, und es bereitet mir keine große Schwierigkeit, beides zu spielen.«
Sein Herz aber gehört der traditionellen Country Music einer Em-

Albert Lee, einer der besten Gitarristen der Welt, wurde als Mitglied von Emmylou Harris' Hot Band berühmt

mylou Harris und eines Ricky Skaggs. »Ich habe nichts dagegen, wenn sich die Country Music an den Rock anlehnt. Was ich nicht mag, sind diese seichten Pop- und Middle-of-the-Road-Songs, wie die Oak Ridge Boys sie singen. Das ist keine Country Music. Gruppen wie Alabama sind okay, aber ich stehe mehr auf Ricky Skaggs, er ist großartig.«
Albert Lee, der bescheidene Superstar im Schatten der Superstars. Ein Mann, der wenig Aufhebens von sich macht und lieber über andere spricht. Auf sein virtuoses Gitarrenspiel angesprochen, meint er lediglich: »Die Leute sagen mir, daß ich einen unverwechselbaren Stil habe. Ein bißchen Rock und ein bißchen Country. Und ein bißchen Jazz, möchte ich hinzufügen. Ich mag viele Arten von Musik, und ich glaube, das drückt sich in meiner Art zu spielen aus. Wie auch immer, es macht mir großen Spaß, auf der Gitarre zu spielen.«

Don Williams, der Mann mit dem Hut

Der Texaner liebt die Ruhe – privat und in seinen Songs

Auf der Bühne bewegt er sich kaum. Wie angewurzelt steht er hinter dem Mikrofon, mal ein Blick zur Band, mal ein paar Worte zum Publikum, aber damit hat es sich auch schon. Laid Back nennt man das in Amerika, zu gut deutsch, der Typ hat die Ruhe weg und läßt sich durch nichts erschüttern. Und genauso klingen seine Songs. Ruhige Balladen und Liebeslieder, gefällige Melodien, ein eingängiger Rhythmus, der von keinem wirbelnden Schlagzeug und keiner aufbrüllenden elektrischen Gitarre gestört wird. Schmuse-Country at it's best.

Don Williams wurde in Texas geboren. »Ich wuchs natürlich mit Country Music auf, hörte aber auch andere Musik. Ich habe mich niemals nur auf eine Art von Musik konzentriert. Aber die Country Music sagt mir am meisten zu. Meine professionelle Karriere begann ich 1964 mit den Pozo Seco Singers, einer kleinen Gruppe im südlichen Texas. Wir veröffentlichten unsere Songs auf einem kleinen Label, das nur in Texas vertrieben wurde, hatten aber einen nationalen Hit. Nachdem sich die Pozo Seco Singers aufgelöst hatten, arbeitete ich bei einem Musikverlag. Ich schrieb damals viele Songs. Dann ging ich ins Studio und versuchte mich als Solo-Sänger. Es klappte.«

Und wie es klappte. Bereits seine zweite Single, »The Shelter of Your Eyes«, wurde ein Riesenerfolg und plazierte sich in den Charts. Es folgten zahlreiche Nummer-1-Hits wie »Amanda« und der Welthit »Some Broken Hearts Never Mend«, das auch bei uns die Spatzen von den Dächern pfiffen. »Der Song stammt von Waylon Holyfield«, berichtet Don, »ein Songschreiber, mit dem ich sehr viel zusammenarbeite. Er und Bob McDill und ich sitzen oft zusammen, und ich höre die meisten ihrer Lieder, bevor andere Künstler sie vorgespielt bekommen.« »Some Broken Hearts Never Mend« machte Don Williams zum Superstar.

Ein Superstar allerdings, der als menschenscheu gilt und sein Privatleben hermetisch gegen die Außenwelt abriegelt. Er singt gerne vor Publikum, aber noch lieber ist er zu Hause auf seiner Farm, bei seiner Frau und seinen Kindern. Sie gehören auch zu den wenigen, die Don Williams ohne seinen geliebten Cowboyhut zu sehen bekommen.

Don Williams, der »sanfte Riese« aus Nashville, gab sich auch beim Interview »relaxed« and »laid back«.

Chuck Morgan – der Discjockey des Jahres

Der beste DJ der USA mag traditionelle Musik

Der Junge gibt sich so locker, wie man sich einen amerikanischen Discjockey vorstellt. Der Griff zur Platte, ein heißer Spruch, und ab geht die Post. Und viele Millionen hören ihm zu. WSM 65 in Nashville sendet über Satellit und erreicht über neunzig Stationen im ganzen Land. Ein Bombenerfolg für Chuck Morgan, der es innerhalb weniger Jahre zum besten DJ des Landes gebracht hat und von den Fachleuten zum Discjockey des Jahres gewählt wurde. Wir treffen Chuck während seiner Schicht und gratulieren erst mal zu der Auszeichnung.

Wie fühlt man sich als DJ des Jahres?

Angeblich soll man ja teurer werden, wenn man einen solchen Preis gewinnt. Ich hoffe, sie ändern meinen Gehaltsscheck. Aber im Ernst, ich fühle mich natürlich sehr geehrt.

Seit wann bist du Discjockey?

Ich fing mit vierzehn Jahren an, arbeitete sonntagnachts und sah zu, wie sich die Bänder drehten. Zur vollen Stunde sprach ich die Nachrichten, und dann landete ich irgendwann hier. Ich fing 1977 bei WSM an. Ralph Emery konnte nicht gleichzeitig Funk und Fernsehen machen, und dann zog sich Grant Turner zurück, der ja in die Hall of Fame gewählt wurde. Ich übernahm seine Morgenschicht und hatte dann irgendwann das Glück, diese Show hier zu bekommen. Danach lecken sich alle die Finger, meine Stunden hier seien die beste Schicht einer Country Music Station überhaupt, sagt man.

Wie viele Mitarbeiter hast du?

Zwei Mädchen sitzen ständig an den Telefonen und kümmern sich um die Hörerwünsche. Viele Anrufer benehmen sich etwas seltsam, deshalb nehmen wir die Musikwünsche auf Band auf. Ein Techniker kümmert sich um die Verbindung zum Satelliten, der unsere Sendung nationwide ausstrahlt ... eine ganze Reihe von Leuten haben mit unserer Sendung zu tun.

Wie bereitest du dich auf die Sendung vor?

Heute habe ich mich zum Beispiel eine Stunde lang auf mein Interview mit Rosanne Cash vorbereitet. Sie war vor zehn Minuten noch hier. Das brauche ich sonst nicht zu tun, aber ich hatte Rosanne noch nie gesprochen. Ansonsten denke ich zu Hause viel über die Sendung nach, ich bereite mich also eigentlich den ganzen Tag darauf vor. Wenn ich um kurz vor einundzwanzig Uhr den Sender betrete, weiß ich schon ziemlich genau, was ich spielen werde.

Machst du viele Live-Interviews in deiner Sendung?

Darum geht es ja in meinem Programm. Heute abend war Rosanne Cash hier. Manchmal kriegen wir jemanden, manchmal gehen wir leer aus, dann spiele ich halt Platten.

Amerikanische Discjockeys wirken sehr locker ...

Wir versuchen schon, ziemlich genau zu sein, aber manchmal kommt es halt anders raus. Bei Interviews gebe ich mich natürlich besonders »loose«, solange ich die Country Music nicht aus den Augen verliere, kann ich mich so locker geben.

Discjockeys unter sich: Thomas Jeier (links) vom Bayerischen Rundfunk und Chuck Morgan von WSM Nashville

Welche Art von Country Music spielst du?

Ich komme eine Stunde vor der Sendung hier an und suche die Oldies raus, die ich bringen möchte. Um die aktuellen Platten kümmere ich mich erst während der Sendung. Ich muß mich ja auch nach unserer Play list richten. Besonderes Augenmerk widme ich den Hörerwünschen, wenn die Leute sich schon die Mühe machen und anrufen oder schreiben, sollen ihre Wünsche auch erfüllt werden.

Eine Play list gibt es bei deutschen Sendern nicht ...

Ist ja auch ein Witz, das Ding. Angeblich stehen da die Top 40 drauf, die heißesten Country-Scheiben des Landes. Ich weiß allerdings immer noch nicht, wer die Liste zusammenstellt.

Sie basiert nicht auf den Hörerwünschen, wahrscheinlich richtet sie sich nach den Verkaufszahlen. Die Bosse blättern »Billboard« und »Cashbox« durch und rufen wahrscheinlich bei den Plattenfirmen an. Die Liste ist nicht identisch mit den Charts, sie soll neuer und aktueller sein. Na, ich bin froh, daß ich die Sache nicht zusammenstellen muß. Wir können aber auch andere Platten spielen.

Wie sieht es mit Oldies aus?

Ungefähr fünfzig Prozent aller gespielten Songs sind Oldies. Bevor wir nationwide sendeten, spielte ich mal sechs Stunden Bluegrass, das geht jetzt nicht mehr. Aus irgendeinem Grund kommen viele Programmdirektoren von Rock-Stationen, und die wollen natürlich nur moderne Country Music. Ich persönlich mag Bluegrass sehr gern. Ich wollte, die Sender würden mehr Bluegrass und Traditionals spielen. Viele Songs in den Country Charts haben nichts mehr mit Country zu tun.

Nehmen wir mal an, die neue Platte von Dolly Parton geht in Richtung Pop. Könntest du dich weigern, sie zu spielen?

Nein, das ginge nicht, ich habe die play list und muß mich danach richten. Bevor wir nationwide sendeten, konnte ich auflegen, was mir gefiel, aber jetzt müssen wir über neunzig andere Stationen in den USA bedienen und dürfen deren Programm nicht ruinieren. Ernest Tubb und Roy Acuff dürfte ich zum Beispiel nicht mehr spielen. Das geht mir sehr gegen den Strich, aber wir müssen uns nach der breiten Masse richten.

Wie stehst du zur modernen Country Music?

Einige Sachen gefallen mir schon, Alabama zum Beispiel. Viele Leute, die früher nie etwas mit Country Music am Hut hatten, schalten jetzt unsere Station ein, also muß ja was dran sein an dieser neuen Richtung. Es gibt aber viele Songs, die

Chuck Morgan (rechts) beim Interview mit dem Nachwuchssänger Dan King.

leider nie gespielt werden, ich spreche von den älteren Sachen. Vielleicht würden die Traditionals den neuen Fans auch gefallen. Aber die Country Music scheint auf dem richtigen Weg zu sein, denn es wird viel mehr verkauft als früher.

Ist es heute schwerer, als Country-Interpret den Durchbruch zu schaffen?

Viel schwerer als früher. In den fünfziger und sechziger Jahren war es noch verhältnismäßig einfach, da brauchte man noch nicht soviel Geld für eine Produktion. Heute werden nicht mehr so viele Platten gemacht. Steve Wariner wurde schon 1976 von der RCA unter Vertrag genommen, aber erst vor kurzem erschien seine erste Platte, das ist doch verrückt.

Könntest du einen neuen Sänger durch deine Sendung zum Star machen?

Das geht heute nicht mehr. Na ja, auf diesem Sender könnte ich es vielleicht schaffen, aber dann bliebe wohl mein nächster Gehaltsscheck aus.

Bekommst du viel Hörerpost?

Ungefähr 130 Briefe pro Woche. Als wir noch nicht über Satellit sendeten, waren es so fünf, sechs pro Tag.

Und wie kommt man als DJ finanziell über die Runden?

Leidlich, man muß halt auch andere Sachen machen. Ich moderiere die Sendung »Stars of the Grand Ole Opry« für das Kabelfernsehen, obwohl ich Fernsehen nicht mag. Da ist man zu sehr eingeengt. Das Gehalt eines DJs reicht nur in New York, Chicago und Los Angeles zum Leben.

Dave Dudley, der »König der Trucker«

Mit fast sechzig Jahren noch immer auf der Bühne

Der gute Dave ist ein bißchen in die Jahre gekommen, aber sein Elan und seine Willenskraft sind ungebrochen. Noch immer verkauft er seine Songs von Fernfahrern, Lastwagen und endlosen Highways, und das Publikum hat ihn nicht vergessen, auch wenn es nicht mehr so zahlreich erscheint wie in den sechziger Jahren, als er auf dem Höhepunkt seiner Karriere stand. Die Leute merken, daß es dieser in die Jahre gekommene Junge ehrlich meint, daß er nicht auf der Bühne steht, um auf seine alten Tage noch einmal abzukassieren. Und Dave kann es ja noch. Seine Stimme klingt immer noch so wie vor zwanzig Jahren, und einige seiner neuen Songs erinnern an die Zeit, als seine Art von Country Music in den Hitparaden vertreten war.
Seinen zweiten oder dritten Frühling feiert Dave Dudley vor allem in Deutschland, und das hat seinen besonderen Grund. »Ich möcht' so gern Dave Dudley hör'n« sang die deutsche Gruppe Truck Stop vor einigen Jahren, und Dave ließ es sich nicht nehmen, persönlich nach Deutschland zu kommen und mit den Elbe-Cowboys auf Tournee zu gehen. Das Fernsehen wurde auf ihn aufmerksam, sogar der »Musikladen« in Bremen, auf den Plattentellern der Rundfunkstationen drehten sich wieder seine Hits, und einige Konzertveranstalter buchten sogar eine Tournee mit ihm. Die Konzerte waren nicht immer ausverkauft, und einige Termine mußten sogar abgesagt werden, aber in den deutschen Country-Hochburgen wie Schweinfurt jubelten ihm die Fans begeistert zu, auch wenn die deutsche Begleitgruppe aus Frankfurt nicht immer ganz auf der Höhe des Geschehens war. Als Gastgeschenk hatte Dave eine neue Single mit dem wunderbaren Titel »I Wish I Could ›Sprechen Sie Deutsch‹« im Gepäck, ein Dankeschön an seine deutschen Verehrer.
»Red and Carlos von Drifter's Caravan erzählten mir von diesem

Dave Dudley

Song«, berichtet Dave. Sie brachten ihn in einem Club. Meiner Frau Marie blieb das Lied im Ohr hängen, und sie begann das Lied ständig zu singen. ›Dankeschön, bitteschön, wiedersehn ...‹ Ich fragte: ›Was ist denn das?‹ Und sie antwortete: ›Ein Lied, das die Jungs im Club gesungen haben.‹ Im Flugzeug ging es dann weiter. ›Dankeschön, bitteschön, wiedersehn ...‹ Wir dachten, es wäre eine gute Idee, dieses Lied aufzunehmen. Red schrieb uns den Text in Lautschrift auf, und wir lernten ihn auswendig. Ich brachte das Lied zu meiner Plattenfirma in Nashville und sagte ihnen, daß es ein Hit würde. Tatsächlich verkaufte sich die Platte sehr gut.«
Mit Trucks und Truckern hat diese deutsch-englische Single wenig zu tun, aber die Langspielplatte heißt »Roll Truck Roll« und enthält eine ganze Reihe von Lastwagen-Liedern. Dave weiß, daß sein Publikum diese Songs von ihm erwartet, und er ist gar nicht böse über dieses Image. Mit Truckern hat er sich immer gut verstanden, und er hat ja sogar selbst einige Monate auf dem Bock gesessen. »Das war in den fünfziger Jahren. Ich war Baseball-Spieler bei den

Chicago White Socks, wurde am Arm verletzt und mußte mir halt irgendwie den Lebensunterhalt verdienen. So kam ich dazu, einen Truck zu fahren. Aber das hatte nichts mit meinem ersten Hit ›Six Days on the Road‹ zu tun. Es war Zufall, daß ich einen Truck Song aufnahm und gleichzeitig einen Truck steuerte. Nachdem die Platte auf dem Markt war, hatte ich es nicht mehr nötig, über den Highway zu brausen, aber aus Spaß habe ich mich immer wieder hinters Steuer gesetzt.«

Mit »Six Days on the Road« fing alles an für Dave. Der Song stand am Beginn einer großen Karriere, wie sie nur wenige Country-Sänger aufweisen können. »Zwei Freunde von Jimmy C. Newman hatten den Song geschrieben«, erzählt Dave, »ein Fernfahrer und ein Songschreiber. Die beiden waren an der Ostküste entlanggefahren und hatten das Lied aus Jux und Dollerei geschrieben, um etwas Zeit totzuschlagen. Sie gaben es Jimmy, aber der hielt sich nicht für den richtigen Mann, da gab er es an mich weiter. Der Rest war Glück.«

Auch Dave Dudley hat schon ein solches Monstrum über die amerikanischen Highways gesteuert.

»Six Days on the Road« wurde zu einem riesigen Hit und stand wochenlang auf den vorderen Plätzen der Country Charts. Mehr als zwei Millionen Stück wurden von der Single verkauft, auch in den USA eine beachtliche Zahl. Es folgten weitere Truck Songs, das ebenso erfolgreiche »Truck Drivin' Man«, »Give Me Forty Acres«, »White Line Fever« und viele andere. Die Truck-Firmen schlachteten den frischen Ruhm des »King of Diesel Country« aus und verpflichteten ihn für Werbespots und Auftritte bei Trucker-Festivals. Die Fernfahrer waren ganz verrückt nach ihrem Dave, und der Sänger war stolz darauf, daß die meisten Fahrer Kassetten mit seinen Songs auf dem Beifahrersitz liegen hatten. »Wir spielen immer noch auf Trucker-Festivals«, erzählte mir Dave im Sommer 1984, »aber nicht mehr so oft wie früher, als ich noch Werbung für eine Truck-Firma machte. Damals, zu meiner großen Zeit, machten wir noch 35-, 40-Tage-Tourneen für die Firma. Soviel sind es nicht mehr, aber es gibt auch nicht mehr soviele Truck Shows.«
Dave Dudley hat den Truck Song zu einem wichtigen Bestandteil der Country Music gemacht. Sogar moderne Country-Rock-Gruppen wie Alabama nehmen heutzutage Lieder über Lastwagenfahrer auf, ihr »Roll On« stand wochenlang in den Hitlisten. In den Musikboxen der Truck Stops gehören Daves Lieder immer noch zu den beliebtesten, und er wird zumindest für die Fernfahrer in den USA immer der »King of Diesel Country« bleiben.

Joe Canady: »Aus meinem Radio kommt nur Country!«

Trucker Joe ist stolz darauf, zu den letzten Cowboys zu gehören

Joe Canady steigt aus seinem dunkelroten Kenworth und gibt ihm einen liebevollen Klaps. So wie andere Leute sich von ihrem Hund verabschieden. Der Truck hat wieder gute Dienste geleistet und sich seine Nachtruhe mehr als verdient. Und Joe, noch immer steif vom vielen Fahren, hat zehn anstrengende Stunden auf dem Interstate hinter sich und lechzt nach einer kühlen Cola. Nachdem er sich eine Dose aus dem Automaten im Aufenthaltsraum gezogen hat, machen wir es uns in einer Ecke des Raumes bequem, und ich mache aus meiner Begeisterung für seinen Truck kein Hehl.

Joe lacht. Sein Texanisch ist so breit wie bei einem Cowboy, als er antwortet: »Das ist ein ganz gewöhnlicher 82er Kenworth. Nichts Besonderes, obwohl ich natürlich einige Veränderungen vorgenommen habe. Das macht jeder Trucker.«

Siebzigtausend Dollar hat das Monstrum gekostet, kein Pappenstil für einen Farmerssohn aus dem südlichen Texas, aber Joe wollte sich seine Unabhängigkeit bewahren und nimmt dafür lieber eine monatliche Ratenzahlung in Kauf. Er will nicht zu den Truckern gehören, die mit den Lastzügen der Firma über den Freeway brausen. Er muß auf dem eigenen Bock sitzen. Wie ein Cowboy, der immer sein eigenes Pferd ritt.

Der Vergleich mit den Cowboys gefällt ihm. »Ich mag es, wenn die Leute uns Trucker als letzte Cowboys bezeichnen.«

Wie bei den Cowboys in Texas dauert auch der Tag eines Truckers von Sonnenaufgang bis Sonnenuntergang. Es gibt zwar auch in den USA Gesetze und Bestimmungen, die das Dauerfahren verbieten, aber amerikanische Lastwagenfahrer müssen Meilen fressen, wenn sie Profit machen wollen. Unabhängige Trucker wie Joe Canady sind prozentual an der Fracht beteiligt, und je eher sie am

Aufkleber der Country Station von San Antonio, Texas.

Ziel sind, desto schneller winkt ein neuer Auftrag. »Meistens fahre ich, bis ich müde bin«, sagt Joe, »dann gehe ich zu Bett. Manchmal fahr ich auch länger.«

Das Benzin müssen unabhängige Trucker selber bezahlen, und so ein Kenworth frißt eine ganze Menge. »Mit einer Gallone, das sind 3,6 Liter, komme ich ungefähr fünfeinhalb Meilen weit, also neun Kilometer. In meinen Truck gehen 240 Gallonen rein.« Die Spritkosten sind astronomisch, auch wenn das Benzin in den USA immer noch billiger ist als in Europa.

Dafür sind die Entfernungen größer. Wer einmal durch Texas gefahren ist, weiß Bescheid. Endlose Highways, die sich am fernen Horizont verlieren und kein Ende zu nehmen scheinen. Kein Wunder, daß die Amerikaner so viel fliegen. Wer von Dallas nach El Paso muß und kein Auto-Fan ist, läßt seinen Wagen am Flughafen stehen und überbrückt die gewaltige Entfernung im Jet.

Joe hat keine andere Wahl, er muß fahren, und er tut es gern. Seine Frau ist fast immer dabei und hat ihn auch schon mal am Steuer abgelöst, wenn er zu müde ist. Aber sie ist zu klein und hat große Schwierigkeiten, das Ende des Trucks im Rückspiegel zu sehen. Auch Joe tut sich da immer noch schwer. »Manchmal muß man eben nach Gefühl fahren«, sagt er.

Mit dem Straßensystem ist er zufrieden, wenn sich auch in den letzten zwanzig Jahren eine Menge verändert hat. »Wir haben die Interstates, da gibt es keine Stop-Zeichen und keine Kreuzungen, ähnlich wie auf eurer Autobahn. Auf einigen unserer Schnellstraßen kann man ziemlich schnell fahren. Man kann von der Ostküste bis zur Westküste immer auf dem Interstate bleiben. Vor fünfzehn, zwanzig Jahren war auf den Interstates kaum was los, aber heute ... puh, 'ne Menge Verkehr.«

Die Aufträge führen Joe in alle Teile von Texas und an die amerikanische Ostküste. Dort ist er am wenigsten gern. »Einmal hab' ich zweieinhalb Stunden für eine Meile gebraucht, das war in New York, der Verkehr dort ist kaum auszuhalten.« Joe braucht die endlosen Freeways im amerikanischen Westen, wo man noch richtig Gas geben kann und vom Fleck kommt. Auf den endlosen Straßen in Texas ist er zuhause, auch wenn die Polizei dort ein neues System benutzt, um den Schnellfahrern unter den Truckern, und das sind sie alle, auf die Schliche zu kommen. »In Texas, Oklahoma und Louisiana benutzen sie einen neuen Radar, mit dem Ding erwischen sie dich immer. Wenn mein Radar-Detektor funktioniert, spürt er eine Radarfalle ein, zwei Meilen vorher auf, aber in Texas, da knipsen sie dich erst, wenn du vorbeifährst. Da hilft kein Radar-Detektor, da geht nichts.« Und in den anderen Staaten? »Radar haben sie überall« sagt Joe, »und man muß schon gut ausgerüstet sein, um der Polizei auf die Schliche zu kommen. Vor zwanzig Jahren brauchte man nur einen Mittelwellensender. Heute braucht man 'ne elektronische Ausrüstung im Wert von sechshundert Dollar. Einen Radar-Detektor, CB-Funk, eine Echo-Box und einen Sender. Zum Heulen ist das!«

Aber ohne zu schnelles Fahren läuft für einen Trucker gar nichts, da bekäme er nicht mal das Geld für die Miete zusammen. Er muß den Bleifuß auf den Gashebel setzen und auf volle Power fahren, wenn er Land sehen will. Mit 55 Meilen pro Stunde, wie es auf den Schildern am Straßenrand steht, ist da nichts drin. Ganz so schlimm wie in Trucker-Filmen al la »Smokey and the Bandit« (»Ein ausgekochtes Schlitzohr«) ist es zwar nicht, aber die Trucker tun alles, um den Smokeys eins auszuwischen. So heißen die Polizisten in der CB-Sprache, einer Art Geheimcode, der von den Fahrern ständig erneuert und ergänzt wird. Der »Kojak mit 'ner Kodak« ist natürlich ein Polizist mit ner Radarkanone. »What's your twenty?« bedeutet »Wo steckst du eigentlich?«. Und mit »Double Nickel«

Jerry Reed, Burt Reynolds und Sally Field in »Smokey and the Bandit« (»Ein ausgekochtes Schlitzohr«).

(Nickel = das amerikanische Fünf-Cent-Stück) bezeichnen die Trucker das böse 55-Meilen-Schild mit den beiden Fünfern.
So ein Interstate kann verdammt einsam sein, selbst wenn man verbotene siebzig Meilen drauf hat und weit und breit kein anderer Wagen zu sehen ist. Abenteuer gibt es nur im Kino, und Fernsehen, Kartenspielen und solche Dinge sind während der Fahrt nicht drin. Bleiben nur die CB-Gespräche mit anderen Truckern und das gute alte Radio. »Aus meinem Radio kommt nur Country Music«, sagt Joe, und er ist sich da mit fast allen Truckern einig. »Zum Glück gibt es jetzt auch schon an der Ostküste Country Music Stations, in New York, New Jersey, Pennsylvania, Philadelphia, überall.« Country Music scheint für die langen Fahrten auf dem Interstate erfunden worden zu sein, und die Songs erzählen den einsamen Fahrer lustige, traurige und abenteuerliche Geschichten. »Ich mag am liebsten Ernest Tubb«, sagt Joe, »alle seine Lieder. Die alten Country Songs handelten noch von Menschen, die paßten immer auf irgend jemanden, den man kannte. Aber davon haben sie sich entfernt, jetzt machen sie viel Country Rock. Ich höre mir

auch die modernen Sachen an, und Alabama ist ja okay, aber ich mag die alten Sachen lieber.«
Joe wirf die leere Cola-Dose in den Papierkorb und steht gähnend auf. »War ein langer Tag heute«, sagt er, »ich muß unbedingt nach Hause in die Federn.« Er geht breitbeinig nach draußen und steigt in seinen roten Kenworth. Der Motor brummt bereits, als ich auf den Hof trete und ihm zuwinke. »Bis bald mal wieder«, ruft er, und ich schaue zu, wie er das Monstrum von einem Lastwagen auf den Highway zurücksteuert. Roll on, Eighteen-Wheeler, roll on home.

Fotos von Joe Canady und seinem Truck im Farbteil Seite 164

Dolly Parton – auch ihre Filme sind Hits

Miss Nashville erobert Hollywood

Dolly ist immer für eine Überraschung gut. Mit traditionellen Country Songs sang sie sich an die Spitze. Dann eroberte sie das junge Publikum mit einfühlsamen Balladen und fetzigen Rockern. Und jetzt schickt sie sich an, die allmächtige Barbra Streisand als Königin des Musicals abzulösen. Nach »9 to 5« (»Warum bringen wir den Chef nicht um?«) und »The Best Little Whorehouse in Texas« (»Das schönste Freudenhaus in Texas«) bietet ihr dritter Film »Rhinestone« alle Voraussetzungen für einen Kassenschlager: eine humorvolle Handlung, vierzehn zündende Songs und als Co-Star »Rocky« Sylvester Stallone, der auch das Drehbuch überarbeitet hat. »Dieser Film wird ein Hit!« ist Dolly ganz sicher, »ihr werdet ja sehen.«
Dolly heißt im Film Jake Farris und stellt eine Country-Sängerin dar, die ihren Duett-Partner in Nashville verläßt und nach New York flieht. Dort findet sie Arbeit im »Rhinestone«, einem schicken Country Club, der ihr aber schon nach ein paar Tagen auf die Nerven geht. Um aus dem Vertrag zu kommen, schließt sie eine Wette mit dem Besitzer ab – sie könne aus jedem beliebigen Gast einen Country-Star machen. »Wenn ich verliere«, sagt Dolly, »muß ich noch fünf Jahre dranhängen und mit dem Besitzer zusammenleben.«
Die Aufgabe erweist sich schwieriger als erwartet, denn der Besitzer sucht einen heruntergekommenen Taxifahrer aus, der Country Music nicht ausstehen kann. Er wird von Sylvester Stallone gespielt. »Ich nehme ihn mit nach Tennessee und sage: ›Du mußt an dir arbeiten. Du mußt country reden, country handeln und country essen, damit ich diese Wette gewinne.‹ Na, er will sein eigenes Taxi, also läßt er sich darauf ein.«
Natürlich schrieb Dolly auch die Musik zu diesem Film. Die Songs zu ihren ersten beiden Filmen hatten ihr drei Grammy Awards und

Lily Tomlin, Dolly Parton und Jane Fonda (von links) in dem Film »Nine to Five« (»Warum bringen wir den Chef nicht um?«).

Dolly Parton und Burt Reynolds

eine Oscar-Nominierung eingebracht, und die Produzenten in Hollywood ließen ihr vollkommen freie Hand. »Ich schrieb vierzehn Lieder für ›Rhinestone‹ «, erzählt sie, »und vier davon werden sogar von Sly (Sylvester Stallone) gesungen. Slys Bruder Frank hat vielleicht die bessere Stimme, aber Sly ist dynamischer und ausdrucksvoller. Er wird einige Leute überraschen. Im Film soll er ja zum Country-Sänger werden, und er macht seine Sache sehr gut. Er hat eine gute Stimme.«

»Rhinestone« ist Dolly Parton auf den Leib geschrieben. Die Dreharbeiten haben ihr viel Spaß gemacht, und sie genießt es sichtlich, nun auch als Schauspielerin den Durchbruch geschafft zu haben. Sie braucht die ständige Herausforderung, um ihre Höchstleistung zu bringen, aber sie versteht es auch, den Erfolg zu genießen und sich im Ruhm zu sonnen. Zu lange hat sie auf der Schattenseite des Lebens verbracht. »Meine Kindheit war ziemlich hart«, sagt sie. »Wir waren eine einfache Farmerfamilie mit zwölf Kindern und hatten kaum Geld. Aber diese Jahre hatten auch ihr Gutes, weil wir

Dolly Parton, auch auf der Leinwand ein Superstar. Eine Szene aus ihrem ersten Film »Nine to Five« (»Warum bringen wir den Chef nicht um?«).

lernten, wie man überleben kann. Wir erfuhren etwas über Religion und darüber, wie man anderen und sich selbst helfen kann. Wenn es uns mal wirklich gutging, wußten wir das sehr zu schätzen. Je erfolgreicher ich werde, desto bescheidener werde ich anscheinend. Ich weiß, daß es Leute gibt, die zwei- oder dreimal so begabt sind wie ich und niemals den Durchbruch schaffen oder – wenn sie es schaffen – nichts damit anzufangen wissen. Ich verdanke viel der inneren Kraft, die von Gott kommt, und ich bin auch meinen Eltern dankbar, die uns beibrachten, wie man mit beiden Beinen auf der Erde bleibt.«

Im Juni 1964 ging Dolly Parton nach Nashville und hatte dort erste Erfolge als Songschreiberin. Während dieser Zeit entstand auch »Coat of Many Colors«, eines ihrer besten Lieder. Sie nahm zwei Platten auf, die kaum beachtet wurden, und wurde dann von Porter Wagoner entdeckt, der zu ihrem großen Förderer wurde. Er nahm die blonde Sängerin mit auf Tournee und stellte sie einem

---

Bildteil 1:

1. *Nicht nur der Lokführer hält sie für die schönste Dampflok der Welt: die 4449 der Southern Pacific*

2. *Die Engine Crew im Einsatz – so eine Dampflok will ständig geschmiert sein*

3. *Waylon Jennings*

4. *Dieser Willie ist für jeden Fan da – in Willie Nelsons Souvenirladen außerhalb von Nashville*

5. *Emmylou Harris – zwischen Bluegrass und Country Rock*

6. *»Billy Bob's Texas«, der größte Country Club der Welt in Fort Worth, Texas*

7. *Country Music im amerikanischen Radio: Crystal vom kleinen Sender KCRJ in Cottonwood, Arizona*

8. *»Gimme, gimme, gimme a Redneck Girl . . .« – beim Two-Step kommt man sich näher*

1 △

2 ▽

3 △

4 ▽

5 ▽

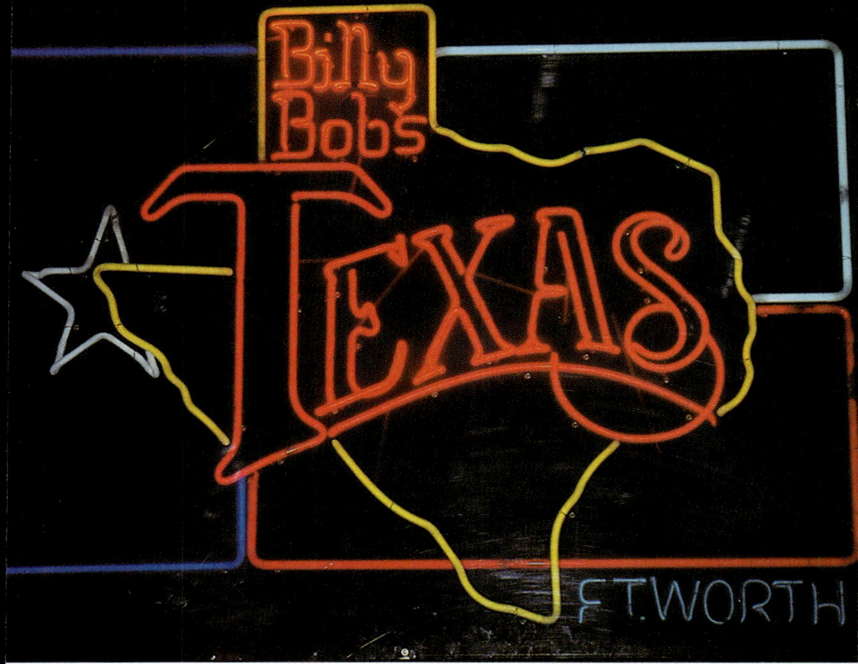

6 △ 7 ▽ 8 ▷

BEER

großen Publikum vor. Die beiden hatten mehrere gemeinsame Hits, dann wurde Dolly flügge und trat allein gegen die Nashville-Prominenz an. Sie brachte einen Song nach dem anderen in die Top Ten und etablierte sich als führende Songschreiberin und Sängerin der Szene.

In den späten siebziger Jahren suchte sie eine neue Herausforderung und wandte sich dem Pop zu. »Ich wollte mich nicht verändern, ich wollte nur das besser machen, was ich schon die ganze Zeit tat. Ich hatte viele Schallplatten veröffentlicht und die Songs aufgenommen, die ich wirklich mag. Die Kritiker lobten die Songs, und jeder sagte, daß ich eine gute Sängerin sei, aber ich verkaufte nicht genug Platten. Ich wollte viel Geld verdienen und die Sache auch als Geschäft verstanden wissen. Ich singe natürlich nicht nur wegen des Geldes, aber wenn ich schon soviel Zeit investiere, möchte ich auch soviel verdienen wie möglich. Ich wollte auch das breite Publikum erreichen und stellte die letzten Alben so zusammen, daß ich diesem Markt auch erreichte. Wenn ich diese Leute erst mal gewonnen habe, kann ich auch wieder zurückgehen und meine Country Songs singen und diese Musik in Gebiete bringen, in denen sie bisher nicht akzeptiert war. Dann kann man diesen Leuten, die ja vorher gar nicht wußten, was Country Music ist und die ganze Sache für Hinterwäldler-Musik hielten, auch unsere Musik anbieten. Country Music ist die beste Musik der Welt. Ich möchte gern ein Album mit traditionellen und neuen Country Songs aufnehmen, um ein wirklich großes Publikum zu erreichen. Das ist kein Verrat an der Country Music, weil ich den Country-Fans erzählt habe, was ich will. Und ich hoffe, daß meine nächsten Alben dem alten, aber auch dem neuen Publikum gefallen werden.«

Inzwischen sind einige dieser Alben erschienen, und Dolly hat erreicht, was sie wollte. Das Pop-Publikum wurde auf sie aufmerksam und jubelte ihren Superhits »Nine to Five« und »Potential New Boyfriend« zu, während sich die Country-Fans an traditionelle Songs wie »A Cowboy's Ways« und »Tennessee Homesick Blues« hielten. Zum größten Knüller und von allen geliebt wurde »Islands in the Stream«, ein Duett mit Kenny Rogers, das sogar von den eher konservativen Mitgliedern der Country Music Association frenetisch bejubelt wurde. Dolly hat sich zur Allround-Künstlerin entwickelt, und ihre Fernsehshow im HBO wurde zu einem der beliebtesten Programme des Jahres.

Fehlt eigentlich nur ein Oscar, aber wie man Dolly kennt, wird sie auch den noch bekommen. Bis jetzt hat die hübsche Sängerin und Schauspielerin noch alles erreicht, was sie sich vorgenommen hatte.

Country Music – made in Germany

Country Music auch bei uns auf dem Vormarsch

Mit dem AFN fing alles an. Als die Discjockeys des amerikanischen Soldatensenders nach dem Krieg zum erstenmal den Sound ihrer Heimat in die deutschen Wohnzimmer brachten, ging ein Raunen durch das Land, und so manch einer entwickelte sich zum fanatischen Country-Fan. Die Schwierigkeit bestand nur darin, an die heißgeliebten Platten zu kommen. Der Dollar stand damals auf über vier Mark, kaum einer konnte sich einen Amerika-Urlaub leisten und in den Plattengeschäften standen nur die Scheiben von Caterina Valente, Lys Assia und Peter Alexander. Daß es so etwas wie Country & Western überhaupt gab, wußten nur die eingefleischten Fans und AFN-Hörer.

Bessere Zeiten brachen erst an, als Johnny Cash auch in Deutschland Erfolg hatte und sein »Ring of Fire« in den Hitlisten der Sender auftauchte. Ähnliches Glück hatten Bobby Bare mit »Detroit City« und Don Gibson mit »Oh Lonesome Me«. Diese Country-Pop-Titel sprachen auch das deutsche Publikum an und ermutigten deutsche Barden, etwas ähnliches zu versuchen. Bruce Low besang das Pferdehalfter an der Wand, Freddy Quinn erinnerte sich an die Mary-Ann, Ralf Paulsen schwärmte von Bonanza und der singende Tontechniker Ronnie erwärmte sich für Caroline, die im Original allerdings Clementine hieß. Mehr oder weniger klägliche Versuche, das Feeling der amerikanischen Country Music in die deutsche Sprache zu übertragen. Freddy brachte zwar ein Album mit Country Music heraus, das sich durchaus hören lassen konnte, aber er sang in englischer Sprache, und da besorgte man sich eben lieber das Original, so schwer es auch zu beschaffen war.

Geradezu albern waren die Versuche, amerikanischen Country-Stars deutsche Texte in den Mund zu legen. Zur Ehrenrettung von Künstlern wie Johnny Cash, Willie Nelson und Bobby Bare sei al-

lerdings gesagt, daß sie keine Ahnung hatten, welche Plattheiten man ihnen da unterschob. Die Scheiben wurden kaum beachtet, und auch eine in den sechziger Jahren ohne jegliche Promotion gestartete Tournee mit Bobby Bare, Jim Reeves und anderen Stars kam nicht beim Publikum an. Lediglich in München, das zu dieser Zeit gleich mehrere Cowboy-Clubs beheimatete, war der Circus Krone bis auf den letzten Platz besetzt.
Die späten sechziger Jahre gehörten der britischen Beat-Musik. Die Beatles und Rolling Stones überrollten mit ihrer Musik alles, was sich ihnen in den Weg stellte. Erst als sich der Rock in elektronischen Höhen verlor und sich damit immer mehr vom Publikum entfernte, entsann man sich auch in deutschen Landen wieder der einfachen Klänge eines Johnny Cash, der 1972 zum erstenmal vor deutschem Publikum auftrat und als erster Country-Star nur in ausverkauften Häusern sang.
Im selben Jahr gelang dem Wahlberliner Gunter Gabriel das beachtliche Kunststück, einen selbstgeschriebenen Country-Song mit deutschem Text in den Hitlisten zu plazieren. Als erster einheimischer Sänger brachte er es fertig, das Feeling der amerikanischen Originale in die deutsche Sprache zu übertragen. In der Fernfahrer-Ballade »Er ist ein Kerl« fuhr der Laster nicht mehr von New York nach El Paso, sondern von Hamburg nach Lissabon, und die Sprache war einem deutschen Fernfahrer vom Mund abgelesen. Was ein Udo Lindenberg in der Rock Music schaffte, erarbeitete Gunter G. für die deutsche Country Music, er schaute den Leuten aufs Maul und erzählte Geschichten, die auch der Kumpel in Bochum und Wanne-Eickel verstand.
Einige Jahre später zog auch die Hamburger Gruppe Truck Stop nach. Ihr »Ich möcht' so gern Dave Dudley hör'n« wurde zu einem Riesenhit und ebnete den Weg für andere deutsche Gruppen, die jetzt auch in ihrer Heimatsprache sangen. Die Emsland Hillbillies, die noch vor Truck Stop auf diese Idee gekommen waren, blieben im Hintergrund, aber der Berliner Band Western Union gelang es, mit gescheiten Texten und einer Musik, die modern und rockig war und sich deutlich von Truck Stop unterschied, zu den Hamburgern aufzuschließen.
Einen riesigen Aufschwung nahm die Country Music in der zweiten Hälfte der siebziger Jahre, als Mervyn Conn sich entschloß, sein Wembley Festival auch nach Deutschland zu bringen und der Zigarettenkonzern Philip Morris zum erstenmal einen Talentwett-

Square dance im Münchner Cowboy Club – viele deutsche Country-Fans hängen an der traditionellen Musik der Siedler und Farmer.

bewerb veranstaltete. Beide Veranstaltungen wurden zu einer festen Einrichtung und sind heute nicht mehr aus der deutschen Country-Szene wegzudenken. Philip Morris ist es auch zu verdanken, daß so bekannte Country-Künstler wie Hoyt Axton und Waylon Jennings den Weg nach Deutschland fanden.
In der deutschen Medienlandschaft herrscht dagegen weitgehend Funkstille. Die von Amateuren in aufopfernder Arbeit zusammengestellte Zeitschrift »Country Corner« überlebte zwar alle von Profis gestarteten Versuche, wird aber heute nur im Abonnement und in sehr geringer Auflage vertrieben. Im Fernsehen scheiterten Gunter Gabriel an seiner eigenen Moderation, dem Geschmack seines Redakteurs und dem lieben Geld und Freddy Quinn an der starren Haltung des ZDF. Einige deutsche Rundfunksender leisten sich zwar eine wöchentliche Alibistunde mit Country Music, aber im laufenden Programm wird die Country Music noch immer sehr stiefmütterlich behandelt. Auch ein Manko der Schallplattenindu-

Country im deutschen Fernsehen: Freddy mit seinen Gästen Amanda Blake (»Rauchende Colts«) und Larry Gatlin.

strie, die einfach nicht den Mut findet, gute Country Music in Deutschland zu vertreiben und zu promoten. Künstler wie Don Williams und Ed Bruce, der ja sogar in der Fernsehserie »Bret Maverick« zu sehen war, hätten sicherlich auch beim deutschen Publikum eine Chance. Cisco von Truck Stop trifft wohl den Nagel auf den Kopf, wenn er sagt: »Sicher, es hat sich was getan auf der deutschen Country-Szene. Beim Marlboro Festival melden sich dreihundert, vierhundert Gruppen, das ist doch schon was. Aber die meisten Gruppen schlummern im verborgenen, sind local heroes. Leider ist der Zuspruch der Masse nicht so groß wie bei Rock oder Disco, aber kommt Zeit, kommt Rat, kommen neue Country-Fans. Es ist halt schwer, gegen Nena anzukommen.«

Western Union – auf dem Weg zum Erfolg

Deutschlands beste Country-Band kommt auch international an

Die Hörer der texanischen Rundfunkstation KKYX trauten ihren Ohren nicht. »Auf der Autobahn ...« schallte es aus den Lautsprechern, und der Discjockey erzählte was von einer Country-Gruppe im fernen Deutschland, die gerade zur besten Band des Landes gewählt worden war. Sekunden später glühten die Telefone des Senders. Aus allen Teilen des südlichen Texas riefen Hörer an und fragten nach den Platten der deutschen Band. Die Reaktion war so überwältigend, daß sich KKYX spontan entschloß, die Jungs von Western Union zum Country Music River Festival in San Antonio einzuladen, einem der bekanntesten und größten Country-Feste des Staates. Im Januar 1985 werden die Berliner Musiker vor vielen tausend Zuschauern auftreten und neben bekannten amerikanischen Stars spielen. Auch die Clubs reißen sich bereits um die Band, und es erscheint nicht ausgeschlossen, daß Western Union im nächsten Jahr auch in »Gilley's« und »Billy Bob's« zu sehen und hören sein wird.
Rolf »Larry« Schuba, der Leadsänger und Entertainer der Gruppe, zeigte sich tief gerührt, als er die guten Nachrichten aus Texas vernahm. Dabei müßte er die Ehrungen doch inzwischen gewohnt sein. 1982 ging die Band als erster Sieger aus dem Marlboro Country Music Festival hervor. Im selben Jahr gewannen sie den »Bronze Star Television Award« beim Euro Country Music Festival in Holland. 1984 wurde Western Union von den Hörern der deutschen Rundfunkanstalten noch vor Truck Stop zur besten deutschen Country-Band gewählt, und die Holländer kürten die Gruppe sogar zum europäischen Sieger.
Viel Lob und Ehre für eine Band, die es in veränderter Besetzung schon seit neunzehn Jahren gibt. »1965 tat sich die Gruppe allerdings noch schwer«, erzählt Larry. »Damals spielte man hauptsäch-

lich alte Songs, was man halt damals so unter Country verstand. Die Instrumente waren auch anders. Es liegt natürlich auch an der Qualität der Musiker, was man machen kann. Aber Country war immer eine Marktlücke. Die meisten Leute waren sich damals zu fein dafür, Country Music zu spielen, aber bei mir war das ganz anders. Ich bin einer der wenigen Menschen, die sehr romantisch veranlagt sind. Wenn man heute langsame Musik in deutscher Sprache singt, wird man leicht banal und kitschig. Deshalb kam ich auf Country. Dann lief ich vor einigen Jahren einer Gruppe über den Weg, die gerade einen Sänger suchte. Mittlerweile weiß ich auch, daß ich außer Country nichts mehr machen kann und will, weil es einfach *die* Musik ist. Für mich persönlich, für meine romantische Einstellung, bietet sich die Country Music einfach an.«

An ihre Zeit mit Gunter Gabriel werden die Jungs nur ungern erinnert, obwohl sie natürlich eingestehen müssen, daß sie als Begleitband des Berliner Sängers zum erstenmal einem großen Publikum bekannt wurden. In seiner Fernsehshow und auf zahlreichen Tourneen spielten sie vor einem riesigen Publikum, das damals noch gar nichts von Western Union wußte. »Ich habe Gunter über den bayerischen Steeler Frank Baum kennengelernt«, berichtet Larry. »Gunter nahm gerade seine ›Ehrbares Mädchen‹-LP auf und suchte einen Chorsänger. Und der Frank Baum sagte zu mir, komm doch mal ins Studio, vielleicht ist da was zu machen. Ich habe dann auch bei drei Titeln die zweite Stimme gesungen, zum Beispiel bei ›Ehrbares Mädchen‹. Da kam der Gunter ab und zu auch zu unserer Band und meinte, wir sollten doch mal zusammen etwas machen.«

Die Zusammenarbeit endete, nachdem Western Union ihren einstigen Förderer mehrmals an die Wand gespielt hatte und die Fans nur noch kamen, um die vermeintliche Begleitband zu sehen. Western Union wurde flügge und arbeitete sich langsam, aber sicher an Truck Stop heran, die damals noch als die absolute Nummer eins bei den deutschen Country-Fans galten. Eine erste Single, die Schmuse-Country-Nummer »Wer liebt, der lebt länger«, verstaubte noch in den Regalen, aber schon die zweite Scheibe, das schmissige »Ich möcht so gerne mal nach Nashville«, wurde zum Hit und katapultierte die Gruppe in der Beliebtheitsskala ein ganzes Stück nach oben. Western Union spielte inzwischen in der Besetzung Larry Schuba (vocals, guitar), Jürgen Maas (guitar), John

Ein Gruppenfoto zur Erinnerung: Western Union (vordere Reihe) und die Oak Ridge Boys

David Heinrich (pedal steel), Rolf Berndt (vocals, bass) und Frank Leyon (drums) und war zumindest musikalisch bereit, die Nachfolge von Truck Stop anzutreten. Besonders John David Heinrich an der pedal steel riß die Zuschauer immer wieder zu Beifallsstürmen hin.

»John war ein echter Glücksfall«, erinnert sich Larry an die Verpflichtung des Amerikaners. »Unser damaliger Steeler, der Harry, wollte nicht mehr. Der Erfolgszwang war wahrscheinlich ein bißchen zuviel für ihn. Er stieg aus. Aber ich kann Country Music nicht ohne Pedal steel machen, sie ist für mich eines der typischsten Instrumente. Der Gunter kam gerade aus Brasilien, warf mir eine Telefonnummer auf den Tisch und sagte, ruf den mal an. Und daß das dann *so* ein Mann war, kann ich bis heute nicht glauben. Das war 1980 zu Weihnachten, ein echtes Weihnachtsgeschenk. Es war einfach Glück. Ich wüßte heute wahrscheinlich nicht, wo wir einen Steeler herkriegen sollen. Aber John war frei, und wir haben uns sehr gut aufeinander eingestellt. Er kommt ja direkt aus den USA und hat lange in Nashville gelebt. Allein sein Feeling für die Musik bringt die Sache schon rüber.«

Rolf »Larry« Schuba von Western Union: »Man darf nicht nur auf die Bühne gehen und singen, man muß die Leute auch unterhalten.«

In dieser Besetzung bestritten Western Union auch das Marlboro Country Festival, aus dem sie als überlegener Sieger hervorgingen. Bei der Schlußabstimmung entfielen mehr als fünfzig Prozent aller Stimmen auf die Berliner Band. Zur Belohnung durften die Musiker nach Nashville, ins Mekka der amerikanischen Country Music. Dort zeigte sich, daß die Band auch international bestehen kann. Bei mehreren Auftritten in örtlichen Clubs heimsten die Jungs einen Applaus ein, wie sie ihn sonst nur in ihrer Heimatstadt Berlin bekommen. Internationale Stars wie Willie Nelson, Waylon Jennings, Bobby Bare und Sylvia zeigten sich beeindruckt vom Können der Berliner Band. Eine Einladung zur Fan Fair war der Lohn. Mangels Masse konnte Western Union dieser Einladung erst im Sommer 1984 Folge leisten, aber die Fans in Nashville hatten sie nicht vergessen, und mehr als zwanzigtausend Zuhörer jubelten der Band bei ihrem kurzen Auftritt zu. Noch mehr Leute kamen zu

John David Heinrich, der beste Musiker einer deutschen Country-Band, kam von Kentucky nach Berlin.

der großen Waylon-Jennings-Tournee in Deutschland, die Western Union wieder einen entscheidenden Schritt nach vorn brachte. Der legendäre Outlaw holte den Schlagzeuger der Berliner sogar in seine Band, als Not am Mann war, und sparte nicht mit Lob. Riesengroß auch die Begeisterung in Polen, wo Western Union bei einem Festival in Mragowo spielte.
Western Union, eine deutsche Band, die auch international ankommt. Ihre deutsche LP und ein Album mit amerikanischen Evergreens wird auch in Texas und Polen verkauft, und die Single »Auf der Autobahn«, die deutsche Version des Superhits »On the Road Again«, gefiel sogar Willie Nelson. Ein bißchen schwer taten sich die Ostfriesen mit »Du machst mi wuschig«, aber was der Spider Murphy recht ist, kann Western Union schon lange billig sein, und Larry ist schließlich ein waschechter Bayer. Die Single deutete einen Trend in Richtung Rock an, aber Larry will sich nicht festlegen

lassen und sein Publikum mit jeder Platte aufs neue überraschen. Musikalisch sind die Möglichkeiten der Band noch größer geworden, nachdem der schottische Keyboarder Jim Angus Barr und der Bassist Ecki Lüdecke für Jürgen Maas und Jo Berndt zu Western Union gekommen sind, und last but not least ist da ja auch noch ein Mann wie David Allen, der am Mischpult für den guten Ton sorgt.

Truck Stop – die Cowboys der Nation

Die Elbe-Cowboys bleiben bei der Country Music

Cisco muß ganz schön entnervt gewesen sein. Da hat er zu Beginn der siebziger Jahre endlich eine Band zusammen, die auf Country steht, und dann kommt so ein Clubbesitzer daher und meint, daß die Leute moderne Hits hören wollen. »Na, ich baute die Cowboylieder halt um und schmuggelte sie manchmal ins Programm«, gesteht er, »und gerade so vor Feierabend, wenn nur noch zwei oder drei Paare auf der Tanzfläche schmusten, brachte ich dann Jim Reeves. Das kam gut an, aber am frühen Abend mußten wir Beatles, Tremeloes und Manfred Mann spielen. Der Durchbruch kam erst, als wir deutsche Texte machten. Da bekamen wir viele Fernsehsendungen, und die Leute standen plötzlich auf Country Music. Natürlich hat uns auch Freddy Quinn sehr viel mit seiner Sendung geholfen.«

Truck Stop – von links nach rechts: Uwe Lost, Erich Doll, Teddy Ibing, Knut Bewersdorff, Lucius Reichling und Cisco Berndt.

Cisco steht auf Country Music pur – wär's nach ihm gegangen, hätte es »Potzblitz« gar nicht gegeben.

Schon sehr früh erkannten Truck Stop, daß man Country Music bei uns in ein schlagerhaftes Gewand packen muß, um auf Dauer damit Erfolg zu haben. »Ich möcht' so gern Dave Dudley hör'n«, einer ihrer ersten großen Hits, erfüllte diese Voraussetzungen auf ideale Weise. Das Lied hatte eine eingängige Melodie, einen Rhythmus, der auch den Mitklatschern bei Dieter Thomas Heck entgegenkam, und einen originellen Text, der das Schlagerpublikum neugierig machte und den Country-Fans aus der Seele sprach. In Norddeutschland ist der amerikanische Soldatensender tatsächlich sehr weit, und es ist verdammt schwer, einen Dave Dudley oder Hank Snow und Charley Pride im Radio zu hören. »Es war ein Sound und ein Text, den es eigentlich noch nicht gegeben hatte«, erinnert sich Lucius, der Fiddler der Band. »Das war einfach mal 'ne andere Geschichte als Liebe-Triebe und Herz-Schmerz.« Und Leadgitarrist Erich meint: »Auf der anderen Seite hatte sich der Rock in Richtung Jazz entwickelt. Die Musik wurde immer besser,

aber der Unterhaltungswert immer geringer. Dann fing die Disco-Scheiße an. Bei den Leuten war ein Defizit da. Sie wollten Musik hören, die sie auch verstehen konnten.«
Der Weg war vorgezeichnet für Truck Stop, und Cisco, Erich, Lucius, Teddy und Rainer hielten sich stur an das Erfolgsrezept ihres ersten Hits. »Der wilde, wilde Westen«, »Old Texas-Town, die Westernstadt« und »Take It Easy, altes Haus« waren nach einem ähnlichen Muster gestrickt und tauchten auch in den deutschen Hitparaden auf. Die Musik stammte meistens von Erich, der immer verschmitzt lächelt, wenn man ihn als den Hitschreiber der Gruppe bezeichnet. »Ich habe kein System«, gesteht er, »diese Nummern fallen mir mehr intuitiv ein. Vom Arrangement her, das wir alle gemeinsam erarbeiten, hat man natürlich eine gewisse Vorstellung, was bei den Leuten ankommt. Aber aus dem Ärmel schüttele ich die Dinger nicht.«
Truck Stop schwammen auf der Erfolgswelle. Eine Single nach der anderen kam in die Charts, die Konzerte waren alle ausverkauft und überall in Deutschland schossen Fan-Clubs aus dem Boden.

Der neue Steeler Kurt Bewersdorff kommt vom Norddeutschen Prärieorchester.

Die Gruppe trat bei Dieter Thomas Heck und in allen großen Unterhaltungssendungen des deutschen Fernsehens auf, und als sie dann auch noch Dave Dudley nach Deutschland holten und mit ihm auf Tournee gingen, war die Begeisterung natürlich groß. Sie schafften es, die eingefleischten Country-Fans, aber auch Eltern mit ihren Kindern und das Schlagerpublikum in ihre Konzerte zu ziehen. Truck Stop wurde zu einem Erlebnis für die ganze Familie, und da diese Leute auch Platten kauften, blieb eigentlich kaum ein Wunsch offen.

Erst 1983 versuchten sich die Elbe-Cowboys an einem neuen Sound. Mit »Potzblitz« legten sie ein Album vor, das sich von allen anderen Platten unterschied und rockiger und progressiver war. »Das hat sich im Laufe der Studio-Arbeit entwickelt«, berichtet Uwe, seit vielen Jahren der Bassist von Truck Stop. »Wir haben mal ein Saxophon ausprobiert und versucht, etwas Neues zu bringen. Aber ich glaube, ganz gezielt war's nicht. Wir haben uns nicht hingesetzt und gesagt, jetzt wollen wir mal was vollkommen anderes machen. Es hat sich so ergeben. Und die Songs auf der LP sind halt von den dreißig, vierzig Titeln übriggeblieben, die wir immer zur Auswahl haben. Warum sollten wir nicht mal ein Saxophon, einen Synthesizer oder auch mal ein paar Streicher bringen?«

»Potzblitz« wurde ein Flop. Die Country-Fans wußten damit nichts anzufangen, und die Rock-Fans hielten sich lieber an Nena und die Spider Murphy Gang. »Aber ich habe die Scheibe auch nie als Schlagerplatte angesehen«, sagt Erich, »sie war für uns ein Forum, um mal neue Sachen auszuprobieren. Die Sache ist vielleicht nicht so gelungen oder wurde vom Publikum nicht so angenommen, wie wir uns das erhofft hatten, aber die Produktion hat doch sehr viel Spaß gemacht.« Von vornherein dagegen war Cisco, der von allen Truck Stop-Mitgliedern am meisten auf Country steht und am liebsten nur traditionelle Songs im Stil von »Rosie« singen würde. »Mit ›Potzblitz‹ haben wir so 'n bißchen danebengelangt«, gibt er zu, »die Sache hat mir auch gar nicht gepaßt. Für rockige Country Music haben wir unsere Spezialisten, Western Union aus Berlin, die können das besser. Nein, wenn ich bei der nächsten Produktion noch irgendeinen Einfluß habe, wird sie wieder so wie ›Zuhause‹ und ›Auf Achse‹. Astrein, straight und pure Country.«

Auch die anderen Elbe-Cowboys haben inzwischen erkannt, daß sie bei ihren Leisten bleiben müssen, wenn sie auch weiterhin Erfolg haben wollen. Ein bißchen Country, ein bißchen Schlager, ein witziger Text und viel gute Laune, so hieß das Erfolgsrezept von Truck Stop, und unter diesem Motto wird wohl auch die nächste LP entstehen. Das mag frustrierend für Musiker sein, die sich ja ständig weiterentwickeln und neue Sachen ausprobieren wollen, aber vor vielen Jahren mußte ja auch schon eine Teenie-Rockgruppe wie Sweet erkennen, daß sich Erfolgsrezepte nicht beliebig ändern lassen. Und man will ja schließlich auch was verdienen mit seiner Musik. »Was blieb uns anderes übrig, als back to the roots zu gehen«, sagt Erich mit einem weinenden und einem lachenden Auge. Er griff in seinen Ärmel und zog einen neuen Hit heraus, den Truck Stop und ihr neuer Steeler Knut auf der Frühjahrstournee 1984 vorstellten. »Wir sind die Cowboys der Nation ...« schallte es von der Bühne, und Großeltern, Eltern und Kinder sangen begeistert mit. Das waren Truck Stop, wie man sie kannte, das waren wieder die alten Elbe-Cowboys.

George and the Lucky Riders – ein Ami unter lauter Franken

Die Gewinner des Marlboro Festivals 1980

George B. Isenmann ist der Amerikaner unter den deutschen Country-Sängern. Paradox, aber wahr. Er lebt schon seit vielen Jahren in Oberasbach bei Nürnberg und spricht so perfekt fränkisch wie die Jungs in seiner Band, aber wenn es um seine Musik geht, bleibt er bei der englischen Sprache, weil die einfach besser zu Country paßt. Und weil er mit seinen Lucky Riders viel in amerikanischen Clubs auftritt. Die GIs mögen seine Musik, weil sie so schön laid back ist und weil man so schön danach tanzen kann. Ein Hauch von Texas und Oklahoma in deutschen Landen.

George and the Lucky Riders – obere Reihe (von links): Ralf Trautner, Fredy Kreim. Untere Reihe (von links): Theo Lehl, George B.Isenmann, Tim D. Noel.

Bei den amerikanischen Soldaten sind sie schon lange die Größten, aber als 1980 in großformatigen Anzeigen nach der besten deutschen Country-Band gesucht wurde, zögerten George and the Lucky Riders nicht lange und machten bei dem von der Firma Philip Morris veranstalteten Wettbewerb einfach mit. 306 Gruppen und Solisten hatten sich beworben, und nachdem eine fachkundige Jury die Spreu vom Weizen getrennt hatte, waren die Oberasbacher noch immer dabei. Damit nicht genug, sie arbeiteten sich bis ins Finale vor und wurden von einem begeisterten Publikum zum Sieger gekürt. Überglücklich fielen sich die Bandmitglieder in die Arme.
Der verdiente Lohn war eine Reise nach Nashville, ins Mekka der Country Music. Die fränkischen Musiker und ihr amerikanischer Bandleader fühlten sich in Music City gleich wie zu Hause und bekamen sogar Gelegenheit, ihr Können in einem örtlichen Club unter Beweis zu stellen. Nach dem Konzert soll ein Fachmann der Country Music Association gesagt haben: »Nicht genug, daß uns die Japaner heute zeigen, wie man die besseren Autos baut, jetzt kommen auch noch die Deutschen und machen unsere Musik perfekt.« Eine Anerkennung, die so ehrlich war wie die freundliche Aufnahme, die George and the Lucky Riders in den Studios und überall in Nashville erfuhren.
George B. Isenmann ist der Leadsänger der Gruppe. Die Lucky Riders sind Ralf Trautner (Gitarre, Gesang), Fredy Kreim (Steel Guitar, Gesang), Robert »Theo« Lehl (Schlagzeug) und Tim D. Noel (Bass, Gesang), der neue Mann. Ihr Repertoire setzt sich hauptsächlich aus Country Standards zusammen, die ja hauptsächlich in den amerikanischen Clubs gefragt sind, aber auf ihrer ersten LP waren auch schon drei selbstverfaßte Titel enthalten, und vor kurzem zogen George & Co. mit einer Single nach, die ebenfalls zwei eigene Titel vorstellte. »Lola« präsentierte sich in einem für die Gruppe ungewohnten Rhythmus und brachte der Band viele neue Sympathien ein.
Neben ihrer Nashville-Reise denken George und seine Mannen besonders gern an die Tourneen mit Hoyt Axton und Waylon Jennings zurück. »Das Gefühl, daß im Circus-Krone-Bau in München dreitausend Zuschauer sitzen und still sind, weil wir Musik machen und ihnen eine Freude machen können – das ist das Höchste!«, sagt George. Noch größer war die Begeisterung allerdings beim Westfalenfestival in Dortmund, wo siebzigtausend Leute der

George B. Isenmann, der Amerikaner unter den deutschen Country-Sängern, beim Marlboro Country Music Festival 1983.

Band zujubelten, und beim City-Fest in Ulm, wo sechzigtausend Menschen auf dem Country-Trip waren.
George and the Lucky Riders – keine Band mit revolutionären Ideen und einem supermodernen Programm, aber ein fröhlicher Haufen, der die texanische Tradition des Honkytonkin' und der Beer Drinkin' Music nach good old Germany verpflanzt hat. »Country Music basiert auf Tradition«, sagt George. »Manche halten sie für sentimental, aber das stimmt nicht. Doch wenn du Freude am Leben hast, mußt du auch darüber nachdenken. Rock ist Musik mit dem Hammer, einfach und laut. Country Music macht es dir nicht so einfach, sie will nicht in die Beine, sondern über den Kopf ins Herz. Sie will verstanden und empfunden werden.« George & Co. leben danach.

INFO

Die Platten von George and the Lucky Riders kann man nicht im Handel kaufen. Bestellungen bitte richten an: George and the Lucky Riders, Adlerstraße 2, 8501 Oberasbach.

Head Over Heels – Hals über Kopf ins musikalische Abenteuer

Amerikanischer Westcoast Sound aus Hannover

Für eine deutsche Westcoast-Gruppe, die in englischer Sprache singt, können sie auf beachtliche Erfolge verweisen. Dritter Platz unter über dreihundert Bewerbern beim Marlboro Country Music Festival 1980. Dritter Platz beim europäischen Festival in Holland. Tourneen mit Hoyt Axton und Waylon Jennings. Eine im Eigenvertrieb hergestellte LP, die sich hervorragend verkauft, und zahlreiche Fernseh- und Rundfunkauftritte. Head Over Heels – ein Name, der etwas gilt unter Deutschlands progressiven Country-Fans. In einer Szene, die vorwiegend von Bluegrass Bands und Mainstream Country-Gruppen beherrscht wird, setzen die sechs aus Hannover erfrischende Akzente und zeigen dem Publikum, daß das Spektrum der Country Music breiter ist, als es viele German Cowboys wahrhaben wollen.

»Head Over Heels, dieser Name ist ironisch gemeint«, verrät mir Dieter Croemer, einer der beiden Leadsänger der Gruppe. »Wir haben nämlich zwei Jahre gebraucht, um so dazustehen, wie wir uns jetzt dem Publikum präsentieren. Die Suche nach den richtigen Leuten und die Entwicklung der musikalischen Substanz nahm doch ihre Zeit in Anspruch. Somit ist die Gruppe also nicht Hals über Kopf entstanden. Der Name ist aber auch eine Anleihe bei der Westcoast-Gruppe Poco, die eines ihrer Alben so betitelt haben.«

Bassist Uwe Pölitz erinnert sich noch genau daran, wie es zur Gründung von Head Over Heels kam. »Ich habe mich mit Martin und Peter zusammengetan, um eine neue Gruppe zu gründen. Einen Übungsraum hatten wir verhältnismäßig schnell gefunden, aber uns fehlten noch Mitglieder, da haben wir einfach eine Anzeige in einer Hannoverschen Stadtzeitung aufgegeben. Wir hatten uns auf den amerikanischen Westcoast Sound als neue Stil-

richtung geeinigt, da diese Musik uns allen zusagte. Na, einige Leutchen stellten sich bei uns vor, und so kam die ganze Geschichte ins Rollen.«
Dieter erinnert sich schmunzelnd an die Anzeige. »Auch ich habe mich gemeldet. Jahrelang hatte ich nach einer solchen Band gesucht. Vorher hatte ich nur zuhause Musik gemacht ... Neil Young und so. Ich bin ein großer Byrds-Fan. Auch Jackson Browne hat mich beeinflußt. War schon 'ne tolle Sache, mit gleichgesinnten Musikern zusammenzutreffen.«
»Dieter hatte die Country Music im Gepäck«, erinnert sich Uwe, »mit seinem Eintreten in die Band änderte sich unser Repertoire. Vorher hatten wir mehr Rock Music gespielt.«
Auch Martin Huch, der Steeler, kommt von der Rock Music. »Ich hatte fünfzehn Jahre lang Gitarre gespielt. Jazz und Rock und so. Aber unterschwellig war die Liebe zum Westcoast Sound immer da. Crosby, Stills & Nash mochte ich immer. Vor allem lag mir aber daran, eine Gruppe mit mehrstimmigem Gesang zu gründen. Na, das haben wir ja dann auch getan.«
Schlagzeuger Peter Probst, ebenfalls ein Gründungsmitglied von Head Over Heels, trommelte vorher in einer Hardrock-Band, bekam aber Lust, mal etwas softer zu spielen.
Und Fergus Holmes, der sensible Ire, erschien auf einer Probe und beeindruckte die Jungs von Head Over Heels so sehr, daß sie ihn gleich behielten. Er schreibt alle Texte, weil er als einziger perfekt englisch spricht (wen wundert's?) und ist zusammen mit Dieter auch federführend bei den Kompositionen. »Aber auch die anderen schreiben mit«, sagt Dieter, »wir arrangieren immer zusammen. Die meisten Ideen mögen von Fergus oder mir kommen, aber eine fertige Aufnahme ist immer das Ergebnis einer gemeinsamen Anstrengung.«
Nesthäkchen der Band ist Tim Renner, ein Sonnyboy und ein Virtuose auf der E-Gitarre. »Ich hatte großes Schwein, in die Band reinzukommen«, freut er sich. »Die Jungs hatten wieder eine Anzeige im ›Schädelspalter‹ aufgegeben, und ich meldete mich halt. Ich hatte immer schon eine Beziehung zur Westcoast Music, obwohl ich vom Southern Rock komme.«
Head Over Heels sind es zufrieden, die Exoten der deutschen Country-Szene zu sein. Wie kaum eine andere Band verfolgen sie stur ihr Ziel, der Westcoast Music zu einer neuen Popularität in Deutschland zu verhelfen. Kommerzdenken ist ihnen fremd. Sie

Head Over Heels – von links nach rechts: Dieter Crömer, Fergus Holmes, Tim Renner, Martin Huch, Peter Probst, Uwe Pölitz. Schlagzeuger Peter wurde inzwischen durch Werner Löhr ersetzt.

wollen qualitativ gute Musik und guten Gesang abliefern und verzichten dafür lieber auf einen Plattenvertrag und einen Platz in der Hitparade. »Wir wollen nicht die Charts rauf und runter spielen«, sagt Dieter, »wir machen lieber unseren eigenen Laden auf und singen englisch. Das ist natürlich einer der Hauptgründe dafür, daß wir noch keinen Plattenvertrag haben. Würden wir deutsche Texte zu unserer Musik machen, hätten wir sicher längst einen. Aber wir finden, daß die englische Sprache besser zu dieser Musik paßt. Ich habe bisher auch noch keine Country-Produktion in deutscher Sprache gehört, die mir hundertprozentig gefallen hätte. Meiner Meinung nach liegt das an den Texten und der schlechten Singbarkeit der deutschen Sprache.«
Also stellten sie ihre erste Langspielplatte in eigener Regie her. »Wir haben die Scheibe selber abgemischt, produziert und vor allem auch finanziert«, sagt Dieter. Das Ergebnis kann sich sehen lassen. Einfühlsame Balladen (der Fergus ist nun mal ein romantisch veranlagter Bursche), fetziger Rock und eingängige Melodien überzeugten auch eingefleischte Eagles- und Poco-Fans. Während

Head Over Heels beim Internationalen Country Music Festival in Frankfurt.

der Waylon-Jennings-Tournee verkaufte sich das Album der deutschen Nachwuchs-Country-Rocker besser als die Scheiben des amerikanischen Stars, und die Jungs haben das investierte Geld längst wieder in der Kasse. Ein schöner Erfolg für Head Over Heels, der eigentlich auch eine der großen Plattenfirmen aus dem Schlaf rütteln sollte.

Eingängige Melodien, ausgefeiltes Spiel und harmonischer Satzgesang sind die Markenzeichen der norddeutschen Gruppe. Wie schon ihre großen Vorbilder, die Byrds, Eagles und Poco, liegen sie mit ihrer Musik zwischen Country und Rock, ein Problem beim Marlboro Festival, wo sie sich schon mal Rufe wie »Viel zu laut!« oder »Spielt doch mal Country!« gefallen lassen mußten. »Wir sind uns natürlich bewußt, daß wir mit unserer Art von Country Music in einem Grenzbereich liegen«, sagt Dieter, »die eingefleischten Country-Fans akzeptieren uns natürlich nicht. Aber während der Hoyt-Axton-Tournee war das schon viel besser, vielleicht weil auch Hoyt Axton rockige Sachen bringt und das Publikum gemischter war.«

Die sechs von Head Over Heels lassen sich nicht von ihrem Weg abbringen. Auch der Supergruppe Alabama wurde der Erfolg schließlich nicht in den Schoß gelegt. In der Country Music ist Platz für viele Spielarten dieser Musik, und irgendwann wird der große Durchbruch für Head Over Heels kommen. Wer so zielstrebig seinen Weg geht, kann gar nicht auf die Nase fallen.

INFO

Die Langspielplatte von Head Over Heels ist nicht im Fachhandel erhältlich. Wer sie bestellen möchte, wende sich bitte an: Martin Wolff, Glünderstraße 13, 3000 Hannover 1.

Gunter, wo bist du?

Gunter Gabriel verschwand in der Versenkung

Mann, Gunter, du warst echt stark. Ein Typ zum Anfassen, ein eigenwilliger Sänger und Songschreiber, der den Leuten aufs Maul schaute und das machte, was ein Udo Lindenberg in der Rock Music bewerkstelligt hatte. Ehrliche Texte nämlich, in einer Sprache, die auch Kowalski in Bochum verstand. Alltägliche Geschichten über Leute wie dich und mich, mal lustig, mal traurig, so richtig

Gunter Gabriel bei einem Trucker-Festival in München – damals war der Junge noch in Hochform.

mitten aus dem Leben, wie man es bis dahin nur aus der amerikanischen Country Music kannte. Kein »Haus von Rocky Tocky« mehr oder was sonst so unter dem Label »Country & Western« aus deutschen Studios kam, sondern Songs, die endlich mal ins Schwarze trafen. Wir haben die Lieder noch im Ohr. »Er fuhr 'nen 30-Tonner-Diesel«, »Hey, Boß, ich brauch' mehr Geld«, »Komm unter meine Decke«, »Frankie's Curry-Station« und wie sie alle hießen. Das ging unter die Haut, das waren Songs, die sich mit dem einfachen Mann von der Straße befaßten, ob er nun in Hamburg, Berlin oder im Kohlenpott wohnte. Klar, bei Dieter Thomas Heck in der »Hitparade« sahst du immer wie ein Bauer im Ballsaal aus. Keine Glitzerjacke, kein blödes Gehopse, keine Rosen von schmachtenden Mädchen, aber das mochten wir ja gerade so an dir. Ein Typ in Jeans, Hemd und Stiefeln, der sich eine Gitarre schnappte und den Leuten was erzählte. Wer dich mal im Bierzelt gesehen hat, der weiß, wovon ich rede. Überhaupt warst du immer am besten, wenn du mit dem Publikum reden konntest. Da standst du hinterm Mikrofon, immer locker und immer einen flotten Spruch auf den Lippen. Hast die Leute angesprochen und bist manchmal auch einen Schritt zu weit gegangen. Aber was soll's, in dir war eben auch ein bißchen was von einem Outlaw. Gunter G., der Unbequeme, anders als die anderen und immer einen Schritt näher beim Volke als die Schlager-Garde.

Ja, und dann warst du plötzlich nicht mehr da. Ein, zwei Singles noch, die nichts mehr mit dem alten Gabriel zu tun hatten, ansonsten Fehlanzeige. Abgeschlafft und ausgebrannt, und selbst in den wenigen Bierzelten, in denen man dich noch sah, war nicht mehr viel los. Man sagt, daß du irgendwo in Westfalen auf einem Bauernhof lebst und mit dem Traktor über die Felder fährst. Warum, zum Teufel, versteckst du dich? Warum gehst du nicht mehr unter die Leute? Wo bleiben die Songs, die wir immer so mochten? Hast du den alten Gabriel irgendwo in der Garderobe abgegeben und spielst jetzt irgendwo den braven Landmann? Das darf doch nicht wahr sein. Das wollen wir einfach nicht glauben. Komm raus aus deinem Versteck, Gunter. Schau den Leuten wieder aufs Maul und schreib deine Lieder. Überlaß das Abschlaffen den Schlager-Fuzzies. Schnapp deine schwarz-rot-goldene Gitarre und klettere wieder rauf auf den Laster. Du kannst es doch. Hol den alten Gabriel ab und komm wieder aus der Versenkung. Bring wieder etwas Schwung in die deutsche Country-Szene. Gunter, wo bist du?

Marlboro Country Music Festival

Zigarettenkonzern unterstützt Country Music in Deutschland

Christian Timmer strahlte über das ganze Gesicht, als er die mit achttausend Menschen besetzte Olympiahalle in München betrat. So hatte der bei Philip Morris für Musik und Promotion verantwortliche Mann sich das immer vorgestellt. Ein volles Haus, eine riesige Begeisterung, ein junges Publikum und ein Country-Star, der auch das Rock-Publikum anspricht. In diesem Jahr war es endlich gelungen. Nach zähen Verhandlungen, die er und Promoter Fritz Rau mit den amerikanischen Agenturen geführt hatten, war es endlich gelungen, einen der ganz großen Künstler aus Nashville zu verpflichten. Outlaw-Star Waylon Jennings war mit seiner Trup-

(Fast) alle Teilnehmer des Marlboro Country Music Festivals 1983 auf einen Blick, unter anderem Western Union, Head Over Heels, George and the Lucky Riders, Jessi Colter, Waylon Jennings, sowie Techniker und Tourbegleiter.

Charly McClain sieht nicht nur flott aus – mit ihren Country-Pop-Songs sang sie sich in die Top Ten der Charts.

Beim Soundcheck in einer deutschen Konzerthalle – von links nach rechts: Larry, Frank, Joe und David von Western Union sowie Randy Fletcher, das »Mädchen für alles« bei Waylon Jennings.

George and the Lucky Riders bei einer Country Station in Nashville.

pe aus Nashville angereist, um dem deutschen Publikum zu zeigen, daß Country Music nicht nur aus Fiddle- und Banjo-Klängen besteht. Dazu die deutschen Gruppen George and the Lucky Riders, Head Over Heels und Western Union, die ebenfalls mit einer Musik aufwarteten, die das ganze Spektrum der Country Music zeigte.

Angefangen hatte alles sechs Jahre zuvor, im Jahre 1978, als man bei Philip Morris über eine neue Werbestrategie nachdachte. Besonders die Zigarettenindustrie ist in Deutschland mehreren Einschränkungen unterworfen, die eine Öffentlichkeitsarbeit nicht immer leicht machen. So darf in Zusammenhang mit sportlichen Aktivitäten nicht für Zigaretten geworben werden, bei Autorennen müssen die Marlboro-Schriftzüge auf den Formel-I-Wagen überklebt werden, in Zeitungen und Zeitschriften darf das Produkt nur einseitig vorgestellt und im Fernsehen darf überhaupt nicht für Zigaretten geworben werden. Die Konzerne müssen sich also etwas einfallen lassen, um ihre Ware an den Verbraucher zu bringen. Mehr als in anderen Branchen spielt dabei das Image einer Marke

Die Marlboro-Jury bei der Arbeit (v. l. n. r.) Bernd Schröder, Thomas Jeier, Jürgen Kramer, Adi Kierscher, Willi Oepen.

eine Rolle, der Kunde möchte eine Zigarette kaufen, die ihn zum flotten Urlaubstyp, zum wagemutigen Draufgänger oder zum Cowboy macht. Die Firma Philip Morris setzt seit vielen Jahren auf den Cowboy und fährt nicht schlecht dabei, die massive Werbekampagne machte Marlboro zur meistgerauchten Zigarette der Welt. Aber auf diesen Lorbeeren darf sich ein Zigarettenkonzern nicht ausruhen, die Konkurrenz ist stärker als anderswo und schläft nicht. Philip Morris verfiel auf die Idee, die Country Music in Deutschland zu unterstützen, eine Musik, die auch dem hauseigenen Cowboy gefallen würde. Das Western-Image und die Country Music gehörten irgendwie zusammen, und das zweite Bein im Musikgeschäft sollte helfen, das Image der Marlboro einem noch größeren Publikum bekannt zu machen.
Die Rechnung ging auf, schon beim ersten Talentwettbewerb im Jahre 1978, als eine Fachjury 122 Kassetten, Bänder und Platten prüfte und die besten 61 Gruppen und Solisten zu Ausscheidungskonzerten im gesamten Bundesgebiet einlud. Die Hallen waren bis auf den letzten Platz besetzt, und das begeisterte Publi-

kum jubelte am Schluß den Steier Brothers zu, einer sympathischen Bluegrass-Truppe, die zur Belohnung eine Woche nach Nashville fahren durfte. Viel wußten die Hobby-Musiker mit diesem Erfolg allerdings nicht anzufangen. Sie vergrößerten sich zu einer Mainstream Country-Band und verschwanden schon recht bald wieder in der Versenkung.
1979 setzte Philip Morris auf amerikanische Künstler. Faron Young, Tommy Overstreet, Red Steagall, Charly McClain, The Kendalls und die Osborne Brothers sollten dem deutschen Publikum das ganze Spektrum der Country Music zeigen und wurden mit einer großen Werbekampagne unterstützt. Wiederum war dem Festival ein großer Erfolg beschieden. Die Osborne Brothers riefen mit ihrer virtuosen Bluegrass Music wahre Begeisterungsstürme beim Publikum hervor, Tommy Overstreet beeindruckte durch seine sanften Songs und sein natürliches Wesen und Faron Young und Red Steagall kamen am besten bei den Mitgliedern der Cowboy-Clubs an, die jedes Festival besuchen. Etwas schwerer hatten es

On the road again mit Marlboro ... der Frankfurter Country-DJ Bernd Schröder (rechts) plaudert mit Mitgliedern der Berliner Band Bluegrass Unlimited.

nur Charly McClain, deren Country Pop damals noch nicht so gefragt war, und The Kendalls, die mit ihrer eigenwilligen Art zu singen wohl eher beim amerikanischen Publikum Erfolg haben. Kurioserweise gehören gerade diese beiden Acts zu den heute am meisten gefragten Stars im amerikanischen Country Business.
Im Jahre 1980 war wieder ein Nachwuchswettbewerb angesagt, und diesmal machten gleich zwei Gruppen auf sich aufmerksam. George and the Lucky Riders gewannen das Festival und überzeugten mit einem Repertoire, das sich hauptsächlich aus Hitparaden-Titeln und Standards zusammensetzte, und Head Over Heels ließen durch sauberen Satzgesang und lupenreinen Westcoast Sound aufhorchen. Ihnen war der dritte Platz beschieden, aber dieser Erfolg bedeutete fast mehr als der Sieg von George & Co., da das deutsche Publikum damals noch nicht so auf rockige Country Music ansprach wie heute. Auch George und seine glücklichen Reiter fuhren nach Nashville und gehören heute zu den gefragtesten Club-Bands in Deutschland.
Ein Jahr später wurde wieder geklotzt. Mit Hoyt Axton wurde zum erstenmal ein Künstler eingeladen, der die Grenzen der traditionellen Country Music sprengte und auch das junge Publikum ansprach. Die Tournee wurde ein voller Erfolg und ermutigte Philip Morris, auch im nächsten Jahr weiterzumachen.
Der Nachwuchswettbewerb im Jahre 1982 wurde zu einem Durchmarsch für die Berliner Gruppe Western Union, die in keiner Phase des Festivals gefährdet war und bei der Schlußentscheidung mehr als die Hälfte aller abgegebenen Stimmen auf sich vereinigen konnte. Die Berliner Jungs haben inzwischen zwei Alben und mehrere Singles auf dem Markt und zogen bei einer Hörerumfrage im Jahre 1984 erstmals an Truck Stop vorbei. Sie stellen von allen deutschen Bands die besten Musiker, und ihnen fehlt lediglich noch ein großer Hit. Von allen Gruppen, die jemals beim Marlboro-Festival mitmachten, haben sie bisher am meisten aus ihrem Erfolg gemacht.
Das Marlboro Country Music Festival 1983 wurde zum bisherigen Höhepunkt. Mit Waylon Jennings wurde ein Künstler verpflichtet, der in den USA zu den ganz Großen zählt und auch das junge Rock-Publikum begeistern kann. Er hatte das Pech, während seiner Deutschland-Tournee erkältet und daher nicht immer in Hochform zu sein, aber es gelang ihm auf eindrucksvolle Weise, dem Publikum zu zeigen, daß Country Music nicht nur auf der weiten

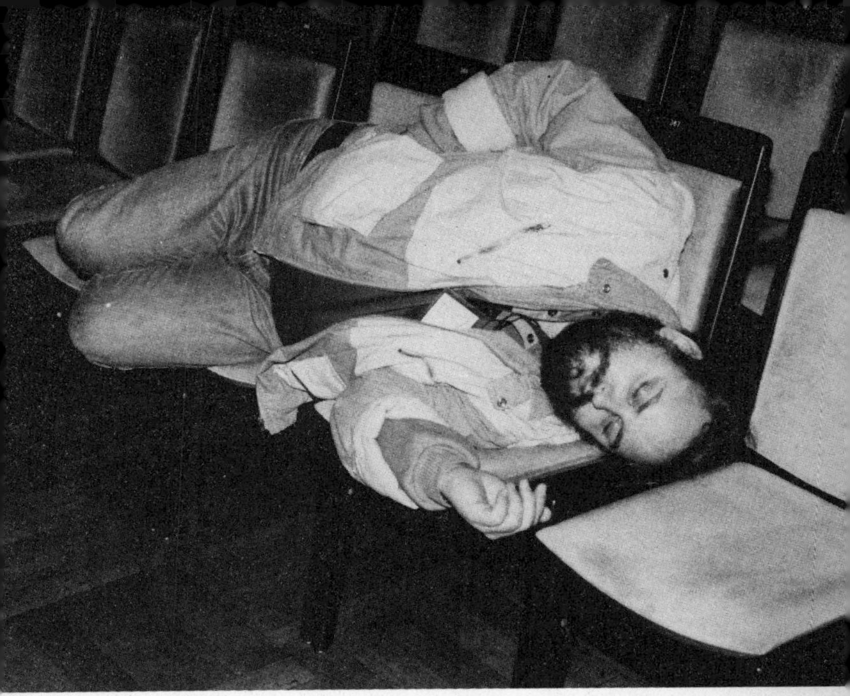

So eine Tournee kann ziemlich anstrengend sein. Larry von Western Union weiß ein Lied davon zu singen.

Prärie gesungen wird. Zum erstenmal hatten Christian Timmer und seine Mitarbeiter große Hallen wie die Deutschlandhalle in Berlin und die Olympiahalle in München gemietet und zum erstenmal waren nicht nur die Insider und deutschen Cowboys zu den Konzerten erschienen.

1984 will Philip Morris zwei Fliegen mit einer Klappe schlagen. Ein neuer Nachwuchswettbewerb soll wiederum die beste deutsche Country-Gruppe ermitteln und gleichzeitig soll ein amerikanischer Star vom Kaliber eines Willie Nelson für ein größeres Publikum sorgen. Christian Timmer und Willi Oepen, privat eher härteren Klängen zugetan, reiben sich bereits die Hände: »Das wird ein Riesending.«

Nancy Wood – vom Schlager zu Country

Aus Renate Kern wurde eine amerikanische Country-Lady

Ein Interview mit der deutschen Country-Lady Nancy Wood artet fast immer in einen Monolog aus. Sie redet gern, die ehemalige Schlagersängerin, aber sie hat ja auch 'ne ganze Menge zu erzählen. Und wie aus dem Tralala-Star Renate Kern eine waschechte amerikanische Country-Sängerin wurde, läßt sich eben nicht in einem Satz erklären. Also Bühne frei für Nancy alias Renate und ihre märchenhafte, aber wahre Geschichte.
»Wie aus der Renate Kern die Nancy Wood wurde? Das war 1980. Ich ging nach Amerika, weil ich einfach mal frischen Wind brauchte. Der Willem hatte eine Platte in unserem Studio produziert und einige Bänder dabeigehabt, die mich förmlich vom Stuhl rissen. Sie waren in Nashville aufgenommen worden. Ich hörte mir an, was er zu erzählen hatte, und dachte, das kannste auch, da fährste mal rüber. Schaust dich mal um in Nashville. Der Willem war so nett, mir einige Adressen zu geben. Zuerst fuhr ich allerdings zu meiner Familie nach Michigan, ich habe ja lange Zeit drüben gelebt und bin dort auch zur Schule gegangen. Aus dem Grund war das auch nicht schwierig, ich setzte mich ins Flugzeug und brauste los. Wir sind dann erst mal drei Wochen durch Amerika gezogen, so daß ich wieder schön drauf war, auch mit der Sprache. Dann ging ich nach Nashville.
Ich hatte eigentlich schon in den ersten zwei, drei Tagen, was ich suchte, und zwar durch unser Tonstudio, eigentlich ein duftes Entré, weil man mich als Geschäftsfrau betrachtete. Ich wollte mir in Nashville auch ein paar Studios ansehen. Wenn man selber so einen Laden zu Hause hat, juckt einen das ja doch. Was haben die für 'ne Technik, wie läuft dort alles ab. Ich hatte sogar das Glück, einigen Sessions beiwohnen zu dürfen. Das fand ich ganz toll. Bei einer dieser Sessions lernte ich David Hefner kennen, der nahm gerade im Studio von Marty Robins eine Single auf. Er hörte, daß

ich Titel suchte, und sagte: ›Vielleicht hab ich was für dich.‹ Eines der Lieder, das er mir vorspielte, war ›Turn Your Lovelight On‹. Ich flippte aus, das war genau das, was ich suchte. Dann hab ich meinen jetzigen Produzenten kennengelernt, und der spielte mir ›Imagine That‹ vor. Ich war komplett. Natürlich brachte ich noch massenweise Kassetten, Platten und Noten nach Hause, aber diese beiden Titel sagten mir am meisten zu.
Ich hab dann versucht, ›Turn Your Lovelight On‹ und ›Imagine That‹ mit deutschen Musikern in unserem Studio aufzunehmen, stellte aber fest, daß irgendwas fehlte. Ich hatte das Gefühl, Country ist doch was Besonderes, das man – mit wenigen Ausnahmen – nur drüben produzieren kann. Hier klang mir alles zu sehr nach Schwarzwald, und das bekamen wir nicht raus. Dann packte mich eines Nachts die Wut, und ich rief kurz nach Mitternacht in Amerika an und buchte ein Studio. Im Oktober 1980 buchte ich einen Flug, düste nach Nashville und nahm die Titel dort auf. War 'ne tolle Erfahrung, weil alles so schnell ging. Hier in Deutschland mährt man sich bei einer Produktion richtig aus, das dauert und dauert und dauert, bis alles fertig ist. Da wurde eingezählt, und nach zweimaligem Durchspielen saß alles. Dann sang der Chor drauf, und auch der wußte genau, was zu tun war. Um sechs Uhr früh hatten wir den Mischtermin, auch das wäre bei uns unmöglich, wer mischt schon um sechs Uhr früh – noch, okay, aber schon? Mit dem fertig abgemischten Band flog ich nach Hause. Mein Klaus empfing mich und war erst mal stocksauer, weil wir ja selber ein Studio haben. Ich erklärte ihm, daß ich unbedingt mal sehen mußte, wie das drüben so läuft. Nach einiger Zeit gefiel mir aber ›Imagine That‹ nicht mehr. Meinen Klaus packte der Ehrgeiz, und er mischte und mischte, bis er es wirklich hatte. Meine Freunde von AFN Bremerhaven haben mir da sehr geholfen, die kamen rüber zu uns und berieten uns. Ich sang den Titel auch noch mal. Als alles top war, auch nach Meinung meiner AFN-Freunde, boten wir die Produktion deutschen Plattenfirmen an. Na, die sagten, 'ne dufte Produktion und so, aber das sehen wir nicht. Man hat uns gezwungen, die Sache in Deutsch zu machen, aber dabei fühlte ich mich nun überhaupt nicht wohl. Dann passierte folgendes. Zwei amerikanische Geschäftsleute kamen zu einer Hamburger Plattenfirma, um sich Produktionen anzuhören. Durch einen Zufall bekamen sie mein Band auf den Tisch. Das ist genau das, was wir suchen, sagten sie. Sie riefen bei uns an, kamen noch am selben

Tag zu uns rüber und handelten den Vertrag aus ... das muß man sich mal vorstellen. Die Leute nahmen die Bänder mit nach drüben, und ich wurde dann in den USA veröffentlicht. Unter Renate Kern konnte ich das natürlich nicht machen, der Name ist typisch deutsch, da sind wir auf Nancy Wood gekommen ... das war kurz, bündig und handfest. So wurde aus der Renate die Nancy. Ich kam in die amerikanischen Country Charts, und keiner ahnte, daß ich Deutsche war. Da sind die Amerikaner ja auch eigen, besonders bei Country Music dulden sie keine fremden Akzente. Ich nahm diese Hürde mit Bravour, hatte die Songs auch vorher in amerikanischen Clubs getestet.
Aber das war noch nicht alles. Die Platte wurde natürlich auch von AFN Bremerhaven gesendet, und das hörte der Mike Leckebusch vom ›Musikladen‹. Auch er hatte keine Ahnung, daß hinter der Nancy die Renate Kern stand. Er sah nur, daß die Single in den Billboard Charts war und wollte die Nancy verpflichten. Es galt also, Farbe zu bekennen. Mein erster Auftritt im ›Musikladen‹ kam, und jeder sagte: ›Was? Du bist das?‹ Na, nachdem das mit dem »Musikladen« perfekt war, krochen natürlich auch die großen Plattenfirmen wieder an. Ich hatte inzwischen eine Band mit meinen Freunden vom AFN zusammengestellt und tourte durch die US-Clubs in Norddeutschland. So ähnlich hatte die Renate Kern auch angefangen, es gibt da tatsächlich viele Parallelen. Ich habe die Renate Kern in den USA gestartet, und mit der Nancy war es genauso. Nun, ich wollte dann eine zweite Single machen, aber die Produktionskosten sind so hoch, daß ich mich entschloß, gleich eine LP zu machen. Es tauchten aber so viele gute Titel auf, daß ein Doppelalbum daraus wurde. Ich gab den großen Plattenfirmen einen Korb, weil wir uns firmenmäßig inzwischen auf eigene Füße gestellt hatten. Ein schwerer Entschluß, finanziell vor allem, aber zu viele Köche hatten versucht, mir den Brei zu verderben. Wir wollten die Kontrolle haben, ich stand hinter der Sache und mußte sie nach außenhin vertreten. Ich wollte kein Kleid anziehen, das mir nicht stand. Wir haben dann mit aller Konsequenz unser kleines Label durchgezogen. Vor uns liegt immer noch ein langer und schwerer Weg, aber das Arbeiten sind wir ja gewöhnt.«
Nancy Wood – eine deutsche Amerikanerin, die Eulen nach Athen trug und mit einer deutsch-amerikanischen Country-Produktion in den US-Charts landete, bevor man auch bei uns auf sie aufmerksam wurde. Eine sicherlich einmalige Story, aber Renate alias Nan-

cy ist eben immer für eine Überraschung gut. Keine Überraschung war ihre Wahl zur besten Country-Sängerin Deutschlands, eine schöne Belohnung für jahrelange Arbeit. Keep it Country, Renate ... äh ... Nancy natürlich.

In Frankfurt sind die Nächte lang

Mit der letzten Zugabe ist das Country Festival noch lange nicht vorbei

Country-Fans halten zusammen. Country-Künstler und Country-Journalisten auch. Wenn nach dem Mammutfestival in der Frankfurter Festhalle die Lichter ausgehen, geht es für viele von ihnen erst richtig los. Eigentlich beginnt es ja schon am frühen Nachmittag, wenn sich Künstler, Journalisten, Discjockeys und Fans in der Empfangshalle des Plaza über den Weg laufen und die ersten Willkommensbierchen geschluckt werden. Wir sind eine große Familie – auf alle, die mit Country Music zu tun haben, paßt dieses Schlagwort. Die Begrüßung fällt fast allenthalben herzlich aus, und selbst Superstars wie Don Williams und Ed Bruce sind sich nicht zu schade dafür, minutenlang Autogramme zu schreiben und mit den Journalisten zu plaudern. Wer jemals mit Rock-Stars gearbeitet hat, weiß das zu schätzen. Country-Stars sind locker, natürlich und haben nicht vergessen, daß sie Fans und Fachleuten eine Menge zu verdanken haben. Ich vergesse nie, wie bereitwillig sich der inzwischen verstorbene Marty Robbins mit uns in eine stille Ecke des Restaurants zurückzog. Aus dem geplanten Kurzinterview wurde eine einstündige Plauderei, die erst endete, als der Sänger zum Soundcheck mußte. Oder Don Williams. »Ich gebe Ihnen fünf Minuten«, warnte mich der Vertreter der Plattenfirma höflich, aber bestimmt, »der Künstler hat nur sehr wenig Zeit!« Aus den fünf Minuten wurde eine halbe Stunde, und Don blieb auf keine Frage eine Antwort schuldig. Oder Boxcar Willie. Er versprüht ständig gute Laune, ist immer für eine Anekdote gut. Oder Bobby Bare. Fast schon ein guter Freund und eine wahre Fundgrube für informationshungrige Journalisten. Oder George Hamilton IV, der freundliche Junge von nebenan, der sich auch nach Jahren noch an ein Gesicht erinnert. Mit den Stars auf Tuchfühlung gehen, im Country Business eine Selbstverständlichkeit. Ich habe

unter den Künstlern viele Freunde gefunden und nur ganz, ganz selten den Futterneid gespürt, der im Rock Business gang und gäbe ist. Auch die meisten Journalisten und Discjockeys sind untereinander befreundet, und ein gesundes Wettbewerbsdenken hindert uns nicht daran, ein Interview auch mal gemeinsam zu führen.
Bernd Glodek, seines Zeichens Country-DJ beim Norddeutschen Rundfunk, läuft mir mit schöner Regelmäßigkeit als erster über den Weg. Im Schlepptau seine bessere Hälfte Ingrid, die mit Country nicht viel am Hut hat, aber gern ein Auge auf ihren Bernd wirft. Country Girls sind für ihr gutes Aussehen bekannt. Irgendwo an einer Säule in der riesigen Hotelhalle lehnen auch die Jungs von »Country Corner«, der immer wieder totgesagten und immer noch lebendigen Country-Zeitschrift aus deutschen Landen. Manfred Vogel, der fast seine ganze Freizeit dem Hobby Country Music opfert, Manfred Peter, der emsige und niemals um einen Spruch verlegene Fotograf, und Manfred Hannich, der Country-Irrwisch aus München. Wesentlich ruhiger und gesetzter gibt sich Walter

Bobby Bare wieder mal in Deutschland – diesmal beim Internationalen Country Festival in Frankfurt.

Boxcar Willie war in England bereits ein Star, als er in den USA entdeckt wurde.

Fuchs, der Country-Pabst des Südwestfunks, er ist ja auch am längsten dabei. Er spielte schon Hillbilly Music im Radio, als unsereins noch mit dem Rock der sechziger Jahre beschäftigt war. Immer in Sichtweite auch die Kollegen des AFN und der holländischen »Country Gazette«.

Wir plaudern mit Künstlern und Fans, führen Interviews und schwelgen in Erinnerungen. »Weißt du noch, letztes Jahr, als der Don Williams dies und das machte? Warst du auch in Wembley? Hast du die Fernsehshow mit Johnny Cash gesehen? Mann, ich hab' da eine Scheibe in Texas gefunden …« Neuigkeiten werden ausgetauscht, Visitenkarten wechseln den Besitzer, Informationen werden auf Handzettel gekritzelt. Und immer wieder Country Music. Nach der langen Zeit im heimischen Stübchen lechzt man geradezu danach, den neuesten Klatsch und die neuesten Informationen aus Nashville loszuwerden.

Wenn in der Festhalle der Bernd Schröder auf die Bühne tritt und

seine erste Ansage macht, bewegt sich auch der Troß der Journalisten und Discjockeys in Richtung Messegelände. Hinter der Bühne werden die Fotoapparate ausgepackt, und eine Kletterpartie über zahlreiche Absperrungen bringt einen auf wenige Meter ans Geschehen. Veranstalter Mervyn Conn ist nicht gerade als pressefreundlich bekannt, und man muß sich schon was einfallen lassen, um an gute Fotos oder Statements der Künstler zu kommen. Die Backstage-Pässe schillern zwar in allen Farben, berechtigen aber nicht immer zu dem, was in großen Lettern daraufsteht. Mit Wehmut denke ich an Amerika zurück, an meine Interviews mit Alabama und Waylon Jennings, um nur mal zwei Namen zu nennen. Da bekam man einen Ausweis, und damit hatte es sich für den Abend. Aber als gewiefter und leidgeprüfter Journalist meistert man auch solche Hürden. Der bullige Road Manager von Emmylou Harris muß sich allerdings persönlich einsetzen, um Bernd Glodek und mich in die Garderobe zu der Sängerin zu bringen.
Trotz dieser Mängel zählt das Frankfurter Festival sicher zu den Höhepunkten des Country-Jahres. Auch wenn die Akustik in der Festhalle schlichtweg als miserabel zu bezeichnen ist. Auch wenn der Veranstalter mit neuen Künstlern geizt und von George Strait, John Anderson oder Ricky Skaggs noch nie etwas gehört zu haben scheint. Auch wenn der Eintrittspreis ein mehr als tiefes Loch in die Geldbörse reißt. Wo sonst bekommt man in Deutschland, Österreich oder der Schweiz ein so reichhaltiges Programm geboten? Wo sonst trifft man so viele Leute, die etwas mit der Country Music zu tun haben? Ein paar Highlights sind ja immer dabei. Marty Robbins, Ed Bruce, Emmylou Harris ... ihre Auftritte zählten für mich in den letzten Jahren zu den Höhepunkten. Nicht zu vergessen die Rocker Jerry Lee Lewis und Roy Orbison, die nichts von ihrer Vitalität und Ausdruckskraft eingebüßt haben.
In Frankfurt sind die Nächte lang. Nach einem gewonnenen Spiel der Eintracht, während der Buchmesse und ganz besonders nach dem achtstündigen Mammut-Country-Konzert. Zumindest für uns, die wir nach der letzten Zugabe mit schöner Regelmäßigkeit ins Plaza zurückkehren und auf die Bar zusteuern. Ich weiß nicht mal, wie das Ding heißt, aber ich war immer nüchtern genug, um die Papageien in den Käfigen zu bestaunen. Ob Freddy Fender auch noch ein Auge für die Tierchen hatte? Ganz bestimmt nicht. Der Tex-Mex-Sänger war bereits jenseits von Gut und Böse und trank gerade Bruderschaft mit Joe Cocker, als wir auf ein paar freie

Ohne Hut fällt man bei einem Country-Konzert unangenehm auf – das weiß auch dieses hübsche Cowgirl.

Sessel zusteuerten. Der Rocksänger trat am nächsten Abend in Frankfurt auf und hatte sich wohl vorgenommen, den Biervorrat des Plaza auszutrinken. Freddy half ihm dabei und verstand sich anscheinend großartig mit dem ungleichen Kollegen. Ob das Liedchen, das die beiden zu vorgerückter Stunde trällerten, allerdings Country oder Rock war, ließ sich nicht genau erkennen.
Studioreife bewiesen Bill Monroe, Ed Bruce und Johnny Lee, ein Country-Trio, das es auf Platte niemals geben wird. Fast zwei Stunden lang jammten die Sänger, unterstützt von einigen Musikern aus der Band von Jerry Lee Lewis, die sichtlichen Gefallen an den traditionellen Country-Tönen hatten. Johnny Lee, damals noch glücklich mit »Dallas«-Star Charlene Tilton verheiratet, gab ein Liebeslied für seine Frau zum besten, Ed Bruce versuchte sich an einigen Evergreen, und der nimmermüde Bill Monroe strafte alle bösen Zungen Lügen, die in ihm bereits einen abgewrackten Grand Ole Opry-Star sahen. Seine Bluegrass Music klingt immer noch so

Albert Lee und Kirsten Gabriel – zu später Stunde sind die beiden Nachtschwärmer immer noch voll da.

frisch wie vor zwanzig Jahren und wurde von den Zuhörern begeistert aufgenommen. Daß wir beim »Wabash Cannonball« laut mitsangen, sei hier nur am Rande und der Vollständigkeit halber erwähnt.

Zu später Stunde wird auch Kirsten aktiv. Die flotte Lady arbeitet für den Musikverlag Acuff-Rose und gehört zu den Wembley-erfahrenen Country-Aktiven. Soll heißen, sie ist mit jedem Star auf du und steckt voller interessanter Geschichten über das Leben on the road. Manche dieser Stories sind nicht unbedingt druckreif, und andere haben mit dem Business so gut wie nichts zu tun, aber ich kann mir ein Frankfurter Festival ohne Kirsten einfach nicht mehr vorstellen. Niemand kann das. Sie ist so etwas wie der gute Geist der Country-Szene, ein voller Leben steckender Wirbelwind, der auch vom stärksten Drink nicht gezähmt werden kann. Na ja, manchmal kann sie sich am nächsten Morgen nicht erinnern, wie sie nach der Sperrstunde in den Aufzug gekommen ist, aber das

geht uns anderen in Frankfurt ja genauso. Nicht daß wir dem Alkohol verfallen wären, aber wie sang Gunter G. vor vielen Jahren so schön? »Dosenbier und Country Music ...«
In diesem Sinne ... prost bis zum nächsten Jahr. Und schauen Sie nach dem nächsten Festival doch mal in der Bar des Plaza vorbei. Könnte sein, daß Moe Bandy und Joe Stampley dort mit Boy George ein Bierchen trinken. So genau weiß man das nie.

Rüdiger Helbig und Bill Keith – Banjo-Größen unter sich

Deutsch-amerikanisches Treffen in München

Als ich zur Tür reinkomme, sitzen die beiden auf dem Boden. Auf dem Teppich verstreut liegen Banjos und Notenblätter und Fachzeitschriften und aus den Lautsprechern klingt Bluegrass Music. Was sonst? Rüdiger Helbig gehört zu den besten Banjo-Spielern Europas, und Bill Keith wird in den USA als Virtuose auf demselben Instrument geschätzt. Die beiden haben sich irgendwo in Süddeutschland bei einem Konzert getroffen und sich spontan entschlossen, in München einen Workshop zu organisieren. Im Folkshop soll die Sache über die Bühne gehen.

Bill Keith wuchs in Boston auf, fernab vom Bluegrass-Geschehen, aber zu seinem zehnten Geburtstag bekam er ein Radio geschenkt. »Nachts lag ich oft wach und hörte WWVA«, erzählt er, »da kam ich dann mit Banjo Music in Berührung. Nachdem ich drei Jahre lang Klavier geübt hatte, entschied ich mich spontan, Banjo picking zu erlernen. Ich lieh mir eins und nahm Unterricht. Five-String Banjo brachte ich mir selber bei, 'ne ganze Menge entnahm ich auch Pete Seegers Lehrbuch. In den Ferien spielte ich mit einer Band auf Parties, zuerst auf dem Four-String Banjo, später auch Five-String. Von Earl Scruggs erfuhr ich erst aus Pete Seegers Buch. Es gab keine Noten von seiner Musik, und ich setzte mich selber hin und brachte seine Musik zu Papier. Das war gar nicht so einfach, ich mußte oft die Band-Geschwindigkeit verlangsamen, um alles rauszukriegen. Einige Jahre später trat Earl Scruggs in Boston auf. Ich ging hinter die Bühne und zeigte ihm die Notenblätter, und er war so beeindruckt, daß er mich nach Nashville einlud. Ich sollte an seinem Buch mitarbeiten. Ich war damals beim Militär, und es klappte erst einige Zeit später. In Nashville hing ich natürlich auch in der Grand Ole Opry rum, spielte ein bißchen und machte Bill Monroe auf mich aufmerksam. Er lud mich ein, in sei-

Rüdiger Helbig und Bill Keith betrachten fachmännisch ein Banjo ... und bauen es wahrscheinlich im nächsten Augenblick auseinander.

ner Band mitzuspielen. Das habe ich auch getan. Es war eine tolle Erfahrung. Bill ist ein wunderbarer Lehrer ... seine Schule ist die Band, und wenn man aufpaßt, kann man sehr viel lernen. Er ist ein sensibler Künstler. Später wandte ich mich dann der Pedal Steel zu. Ich tourte sogar mit einer Band durch Europa, und wir traten als Vorgruppe von Santana auf. Na ja, die Leute standen wohl nicht so auf Bluegrass. Ich blieb in Europa, verbrachte einige Monate in Paris und landete dann in der Nähe von Woodstock, New York. Viele Musiker lebten dort, auch Bob Dylan. Wir spielten oft auf Parties zusammen, und es gibt einige Platten aus dieser Zeit. Happy Traum, Artie Traum, Jim Rooney und viele andere machten mit. Inzwischen gehe ich nicht mehr so oft auf Tournee. Ich veranstalte Workshops wie hier in München und lehre auch privat. Das ist vielleicht nicht so ergiebig wie ein Konzert, aber es macht auch großen Spaß zu erleben, wie die Leute auf dem Banjo Fortschritte machen.

Rüdiger habe ich erst gestern getroffen. Ich hörte ihn spielen und war sehr beeindruckt. Seitdem haben wir nur gefachsimpelt, gespielt und Banjos umgebaut. Er ist ein sehr talentierter Musiker, und er tut sehr viel für die Bluegrass Music in Deutschland. Sein Lehrbuch ist exzellent.«

Dabei lernte Rüdiger erst mit zweiundzwanzig Jahren auf dem Banjo zu spielen. Er brachte es in kurzer Zeit zu solcher Meisterschaft, daß er als »Banjo-Spieler vom Dienst« in zahlreichen Rundfunk- und Fernsehsendungen auftrat. Mit seiner international besetzten Band Kentucky Bluefield interpretierte er auch moderne Stücke wie »Ticket to Ride«, die der Bluegrass Music ein ganz neues Publikum bei uns erschlossen.

Zu Bill Keith fällt ihm nur ein Kommentar ein: »Super!« Der bescheidene Banjo-Star hat es ihm sichtlich angetan, und es macht Spaß, den beiden beim Fachsimpeln und Spielen zuzuhören. Musik ist international, das gilt auch für Bluegrass. Und der Workshop am selben Abend? War ein großer Erfolg.

Nashville, die Hauptstadt der Country Music

Mit Western Union auf der Music Row

Mit dem Willi war das ein Kreuz. Nein, nicht der Willie aus Texas, der Willi aus München, Willi ohne e, bei Philip Morris inzwischen für Promotion und damit auch für Country Music verantwortlich. Der Bursche wollte einfach keinen ausgeben. Nicht mal die Mietkosten für den schneeweißen Lincoln, den die Jungs von Western Union in Nashville mieteten. Wenn wir schon als Siegerband des

Auf der Bühne der alten Opry – von links: Jürgen Maas (Western Union), Willi Oepen (Philip Morris), Larry Schuba, Jo Berndt, Frank Leyon (Western Union).

ERNEST TUBB
RECORD SHOP
MID-NITE
JAMBOREE
with Top
Opry Stars
each Saturday
night
12:00 – 1:00
4 STORES
TO SERVE
YOU
Rose
PAWN
ERNEST TUBB
RECORD SHOP
GI-4192
POLICE

»Ich möcht' so gerne mal nach Nashville, im Greyhound-Bus durch USA ...« (Western Union).

Marlboro Festivals umsonst nach Music City kommen, dann bitteschön in style, sagte sich der Larry und sprach kurzentschlossen bei Budget Rent-a-car vor. Der Schlitten war nicht gerade billig, aber ein bißchen Feeling sollte schon sein auf den Highways. Schon wegen der Musik, die aus den Lautsprechern des Lincoln natürlich ganz anders klang als in einem Toyota Tercel oder so. Ein schneeweißes Schlachtschiff, ein säuselnder Motor, das Rauschen der Reifen auf dem Asphalt und Country Music non stop ... was will man mehr?

»Ich möcht' so gern mal nach Nashville« hatten Western Union gesungen, und jetzt war der Traum also wahr geworden. Im Convoy ging es zur Music Row, der Willi und ich in unserem Chevy wie zwei Leibwächter voraus und im Rückspiegel die Jungs im Lincoln. Den Namen Music Row findet man auf keinem Stadtplan von Nashville. Die Eingeweihten wissen aber, daß Music Row zwischen

Der legendäre Ernest Tubb Record Shop in Nashville – beliebter Treffpunkt auch für die Opry-Stars.

Auch Conway Twitty hat seinen eigenen Plattenladen in Nashville.

der 16th Avenue South und der 17th Avenue South liegt und auch die verbindenden Querstraßen umfaßt und an den Straßenschildern »Music Square« und »Music Circle« zu erkennen ist. Music Row ist die Drehscheibe des Country Music Business. Von den 57 Aufnahmestudios, 237 Musikverlagen, 34 Künstleragenturen und den Plattenfirmen sind die meisten hier beheimatet, größtenteils in unscheinbaren Holzhäusern, und nur der moderne Kasten von CBS und der gläserne Turm von United Artists ragen aus der vorstadtähnlichen Siedlung empor. Im Schneckentempo schwebten wir an den Häusern vor, erkannten Firmennamen, die auf jeder guten Country-Platte vermerkt sind, und parkten die Wagen vor dem Gebäude der RCA. John Olsen, einer der obersten Manager

Der Mann am Mischpult wird von jeder Band auf Händen getragen – er entscheidet über den Sound in Studio und Konzertsaal.

THE
BAND

von RCA Nashville, erwartete uns bereits und kramte erst mal ein paar Platten und Alabama-Feuerzeuge hervor. So eine Begrüßung ließen sich die Jungs von Western Union natürlich gefallen. Wir sprachen fast eine Stunde lang über Country Music, erfuhren, daß Alabama, Waylon, Dolly und Sylvia die bestverkauften Künstler der RCA Nashville sind, und besprachen die Party, die am letzten Tag im RCA-Studio stattfinden sollte. »Sylvia hat fest zugesagt«, sagte John, »und vielleicht kommen auch Waylon und Alabama.« Das waren ja tolle Aussichten. Heiter beschwingt verließen wir das Büro, zurück in die Wagen und zu Sun Records. Sidney Singleton hörte sich ein paar Bänder der Berliner Band an und war begeistert von der Qualität ihrer Musik. »Ich wußte gar nicht, daß in Germany so gute Country Music gemacht wird«, sagte er.
Das meinten auch die Leute in »Bogeys«, einem kleinen Club am Stadtrand. Dort traten Western Union am nächsten Abend auf und spulten ein Programm ab, das selbst den Bürgermeister von Nashville vom Stuhl riß. Der Zufall wollte es, daß Willie (der mit e) am selben Abend in Nashville war, leider konnte er selbst nicht kommen, aber einige seiner Angestellten waren da und flippten bei »Auf der Autobahn« fast aus. »Eine tolle Version«, schwärmte eine junge Lady, »habt ihr 'ne Platte dabei? Ja? Die muß ich unbedingt Willie zeigen. Er ist bestimmt begeistert.« Wie man später hörte, war Willie begeistert, und was kann sich ein deutscher Country-Sänger Besseres wünschen? Larry hätte den weißen Lincoln am liebsten ein paarmal im Kreis gefahren. Statt dessen steuerten wir ein Steakhaus an (müßig zu sagen, daß Larry zwei Riesensteaks verdrückte), und danach gings in eine Country Disco, wo sich Willi wieder nicht überreden ließ, ein Bierchen auszugeben.
Nashville ist keine besonders schöne Stadt. Man muß auf Country Music stehen und ein paar Leute kennen, wenn man sie genießen will. Aber die Umgebung ist himmlisch, wie wir auf einem Ausflug zu einem Barbecue feststellen konnten. Fruchtbare Täler, spiegelnde Seen und viel Grün, amerikanisches Farm Country. Die rollenden Hügel waren beeindruckender als der alte Bahnhof in der Innenstadt, ein heruntergekommener Schuppen, der es Larry besonders angetan hatte. Mit der Eisenbahn ist nicht mehr viel los in

Auch Lefty Frizzell, Ray Whitley und Elvis Presley machten ihre Gitarren der Country Music Hall of Fame in Nashville zum Geschenk.

Gibson
CUSTOM BUILT
RAY WHITLEY
RAY WHITLEY
GIBSON SJ-200
1937
The first Gibson J-200
Donated by Mr. Whitley
Bigsby
Gibson
LEFTY FRIZZELL
GIBSON SJ-200
(MODIFIED)
1952
Donated by Mrs. Alice Frizzell
LEFTY FRIZZELL
ELVIS PRESLEY
MARTIN D-18

Die Country Music Hall of Fame in Nashville – die Ruhmeshalle der Country-Music an der Music Row.

den USA, sie lebt nur noch in Songs wie »Wabash Cannonball« weiter. Flugzeuge, Busse und Autos sind angesagt, unser Lincoln zum Beispiel.

Nashville wurde nach dem in der Nähe liegenden Fort Nashborough benannt und dieses wiederum nach Francis Nash, einem General aus den Befreiungskriegen. Die Stadt wurde zum Zentrum der Country Music, mehr aus Zufall eigentlich, weil sie mitten im Oldtime- und Hillbilly Country liegt. Fast alle Stars, Musiker, Songschreiber, Produzenten, Agenten, Journalisten wohnen und arbeiten hier, und fast alle Country-Platten werden hier aufgenommen. Über die Hälfte der Einwohner bezieht ihr Einkommen aus dem Musikgeschäft.

Alle Fans und natürlich auch uns zieht es zum Broadway, zu Ernest Tubbs Record Shop, zu Tootsies und zur alten Opry. Ein bißchen enttäuscht waren Larry & Co. schon. Das einstige Zentrum der Musik ist heruntergekommen, und am Broadway gibt es mehr Sex

Shops und Peep Shows als Plattenläden. Aber Ernest Tubbs Laden steht noch dort, wo er immer war, und wir kramten stundenlang in den Regalen. Ein Bierchen bei Tootsies verstand sich von selbst, in dieser kleinen Kneipe verkehrten früher die großen Stars, schließlich liegt der Laden nur einen Katzensprung von der alten Opry entfernt. Die ist heute nur noch eine Touristenattraktion, aber wir ließen es uns natürlich nicht nehmen, auf die leere Bühne zu klettern und dort ein paar Liedchen zu schmettern. In den Garderoben hängen noch immer die alten Fotos, und man spürt immer noch die Atmosphäre, die sich dort vor fünfzig Jahren eingenistet hat.

Nashville, ein Erlebnis – zumindest für Western Union, den Willi und mich, die wir auf Country Music stehen und in der Stadt das richtige Feeling bekamen. Der Höhepunkt kam allerdings ganz zum Schluß, als Sylvia auf der RCA-Party erschien und die Jungs von Western Union zu Ehrenbürgern der Stadt erklärt wurden. Unerwähnt sollen hier die kleinen Eskapaden bleiben, die wir uns nachts im Hotel leisteten, von wegen als Gespenster verkleidet durch die Lobby ziehen und einen Riesenmülleimer vor Willis Tür postieren. Aber wenn der Junge auch keinen ausgibt? Der Tag wird kommen, Willi!

Sechzig Jahre Grand Ole Opry

Der Country-Musentempel feiert Geburtstag

October is Country Music Month – der Oktober gehört der Country Music – mit diesem Slogan wirbt die Country Music Association für die jährliche Verleihung der Country Music-Preise und den anschließenden Empfang. Aus allen Teilen der Welt kommen Künstler, Produzenten, Agenten und Discjockeys nach Nashville, um die erfolgreichsten Interpreten des abgelaufenen Jahres zu ehren. Im Oktober 1984 steht allerdings noch eine andere Feier auf dem Programm. Die Grand Ole Opry, für viele Fans immer noch der Musentempel der Country Music, feiert Geburtstag. Grund genug, um ein paar Tage an die Preisverleihung anzuhängen und diesen Tag entsprechend zu feiern – mit Konzerten, Empfängen und vielen Shows wird das Ereignis würdig begangen.
Die Geschichte der Grand Ole Opry geht bis ins Jahr 1925 zurück. Am 28. November dieses Jahres fand der erste WSM Barn Dance statt. Die Show wurde ohne Publikum in einem alten Studio des Senders WSM aufgenommen, einem behelfsmäßig eingerichteten Raum im Gebäude der National Life & Accident Insurance Company, die heute noch im Besitz des Senders ist. Die Show wurde zu einem großen Erfolg und übertraf die Erwartungen des Regisseurs und Ansagers George Hay um ein Vielfaches. Die Begeisterung war so groß, daß sich WSM entschloß, die Show in die größeren Studios B und C zu verlegen, um möglichst vielen Fans die Gelegenheit zu geben, die Opry live mitzuerleben. Ihren Namen bekam die Show allerdings erst einige Jahre später, als dem »Barn Dance« gerade ein Programm mit klassischer Musik vorausgegangen war. George Hay trat vors Mikrofon und sagte: »In der letzten Stunde haben Sie Grand Opera gehört. Wir präsentieren Grand Ole Opry!« Nach einigen Monaten zog die Show erneut um, zuerst ins Hillboro Theater, dann in einen Tempel und im Jahre 1939 ins War Memorial. Zwei Jahre später fand die Grand Ole Opry im

Die neue Grand Ole Opry liegt mitten in einem Vergnügungspark – ein Symbol für den Untergang der traditionellen Country Music?

Ryman Auditorium an der 5th Avenue in Nashville eine ständige Heimat. Das gewaltige rote Backsteingebäude war 1891 von Tom Ryman für den Prediger Sam Jones erbaut worden. Obwohl die Opry vor einigen Jahren in ein supermodernes Gebäude außerhalb der Stadt verlegt wurde, gilt das Ryman Auditorium bei vielen Fans noch immer als die echte und einzige Opry. Die meisten Fans und vor allem die Künstler aber waren mit der Verlegung mehr als einverstanden. Die Garderoben und Waschräume in der neuen Opry bieten jeden nur erdenklichen Komfort, die Akustik ist besser und die 4400 Sitze bieten mehr Zuschauern Platz. Über 700 000 Besucher stürmen jedes Jahr die Kassen.
Trotz dieser beeindruckenden Zahlen aber scheinen die Tage der Opry gezählt. Die Stars – von wenigen Ausnahmen abgesehen – treten schon lange nicht mehr in der Opry auf, und Waylon und Willie and the boys wird man vergeblich dort suchen. Lediglich

die legendären Altstars wie Roy Acuff, Bill Monroe und Skeeter Davis betrachten es noch als das höchste Glück auf Erden, in der Opry zu singen, und wenn sie einmal gegangen sind, wird wohl auch die neue Opry zur reinen Touristenattraktion verkommen. Noch aber ist es nicht soweit, und es wird noch einmal tüchtig gefeiert. Die Grand Ole Opry schrieb ein großes Kapitel Country Music-Geschichte, darin sind sich alle einig, und das ist wieder einmal ein Grund, um ein großes Faß in Nashville aufzumachen.

Willie – die Legende

Der Superstar aus Texas ist ein Outlaw geblieben

Über Willie kann man nur in Superlativen schreiben. Er ist der erfolgreichste, ausdrucksstärkste und vielseitigste Country-Sänger der Welt, und die Fans verehren ihn als Gott und Guru. Er singt traditionelle Country Songs, einfühlsame Blues-Balladen, fetzige Rock-Nummern, er spielt Blues und Jazz und verwandelt abgedroschene Schnulzen aus den vierziger Jahren in moderne Meisterwerke. Alles was er anfaßt, wird zu Gold. Platten, Filme, Fernsehshows, Festivals. Er singt im Duett mit Leon Russell, Waylon Jennings, Amy Irving, Roger Miller, Kris Kristofferson, Dolly Parton, Ray Price und wer immer von seinen Freunden an seine Tür klopft, und eine mehr als Gag gedachte Single mit dem spanischen Schnulzenkönig Julio Iglesias zog sogar in die Top Five der amerikanischen Pop-Charts ein. Dieses Duett soll übrigens Willies Frau auf dem Gewissen haben. Als die beiden im Wagen durch London fuhren, erklang plötzlich ein Song mit Julio, und Willie meinte: »He, der Typ singt gut. Wer ist das?« Und Willies Angetraute antwortete: »Weißt du das nicht? Das ist Julio Iglesias, der verdient noch mehr Geld als du!« Willie schmunzelnd: »Und ich habe noch keine Platte mit ihm gemacht? Da wird's aber höchste Zeit!« Schon im Hotel soll er sich ans Telefon gehängt und einen Termin mit Julio vereinbart haben.

Willie Nelson wurde am 30. April 1933 in Abbott, Texas, geboren und wuchs bei seinen Großeltern auf. Vom Großvater erbte er seine erste Gitarre. Er trat mit zehn Jahren einer Tanzkapelle bei und gründete drei Jahre später eine eigene Band. »Meine Großmutter war gar nicht mit meinem Lebensstil einverstanden«, erzählt er, »ich ging dauernd aus und trank Bier mit den anderen Jungs.« 1950 wurde Willie zur Air Force eingezogen und für ein paar Jahre nach Korea geschickt.

Nach seiner Entlassung versuchte er sich als Autoverkäufer, Klempner, Hausmeister und sogar als Lehrer in der Sonntagsschule. Da er gleichzeitig aber auch mit seiner Band in den übelsten Spelunken der Gegend spielte, kam es zu ernsthaften Konflikten mit dem Pfarrer und den Eltern, und er löste das Problem auf seine Weise. »Die Sonntagsschule zahlte nicht soviel wie die Spelunken, also verließ ich die Kirche.«

Bald darauf heiratete Willie die Indianerin Martha Mathews. Sie gebar ihm eine Tochter, und er versuchte sich im bürgerlichen Leben, was aber nicht gelang und schon bald wieder zu einer Scheidung führte. »Ich wollte wie andere Leute leben«, erinnert sich Willie, »ich versuchte zu arbeiten, nach Hause zu kommen und Fernsehen zu schauen. Aber das war wohl nicht so ganz mein Fall.« Willie ging wieder on the road und trieb sich bei verschiedenen Sendern als Discjockey herum. In Oregon nahm er die Single »No Place to Go« auf, die bei seiner eigenen Mini-Firma erschien und immerhin zweitausendmal verkauft wurde. Die Rechte an »Family Bible«, einem seiner ersten Songs, verkaufte er für lumpige fünfzig Dollar, weil er dringend Lebensmittel brauchte und keinen Penny mehr in der Tasche hatte. Etwas mehr, nämlich hundertfünfzig Dollar, gab es für den späteren Millionenhit »Night Life«, der von über siebzig Künstlern dreißig Millionen mal verkauft wurde. Mit dem Geld kaufte Willie sich einen gebrauchten Buick, der ihn 1961 auch nach Nashville brachte.

In Music City heiratete Willie die Sängerin Shirlie Collie. Er etablierte sich als Songschreiber und belieferte bekannte Künstler wie Ray Price und Patsy Cline mit Liedern. Zum größten Hit dieser Zeit wurde »Hello, Walls«, das Faron Young in die Charts brachte. »Aber das brachte mich nicht sehr weit nach vorn, weil ich damals in einer schweren emotionellen Krise steckte«, gestand Willie später. »Ich warf das Geld mit beiden Händen zum Fenster hinaus. Mann, ich flog zu den Auftritten, mietete Penthouses und lud die ganze Truppe zum Essen ein. Ich spielte damals Bass für Ray Price.«

Als Sänger war dem späteren Outlaw nur geringer Erfolg beschieden. Mit »Touch Me« konnte er zwar eine Single in den Top Ten plazieren, aber ansonsten war nicht viel los. Zu einer Zeit, als die meisten Produzenten mit Chören und Streichern arbeiteten und verzweifelt versuchten, die Country Music auf Pop zu trimmen, waren die ehrlichen und unkonventionellen Songs eines Willie Nelson nicht gefragt. Kaum einer erkannte, daß er seiner Zeit weit

Willie Nelson

voraus war und eigentlich schon die Musik der achtziger Jahre spielte.
1969 warf der Künstler das Handtuch. Seine zweite Ehe war dabei in die Brüche zu gehen, und als dann auch noch sein Haus abbrannte, floh er nach Texas und zog sich in die Einsamkeit zurück. Lediglich 1971 kehrte er noch einmal nach Nashville zurück, um ein vertraglich vereinbartes Album bei der RCA abzuliefern. »Yesterday's Wine« war eines der ersten Konzeptalben in der Country-Geschichte, verkaufte sich aber nicht und stempelte Willie endgültig zum Versager ab, zumindest in den Augen des Country-Establishment von Nashville.
Nach einer gedanklichen Kunstpause ging Willie wieder auf Tournee. Er spielte auf Jahrmärkten, bei Tanzfesten und in kleinen Clubs und blieb seiner Musik treu. Zu seinem Erstaunen stellte er fest, daß sich das Publikum geändert hatte. Waren früher nur ältere Leute oder Rednecks in seinen Konzerten gewesen, tauchten jetzt langhaarige Burschen in abgerissenen Jeans auf. »Ich merkte, da war ein neues Publikum«, erinnert sich Willie. Er machte die

Probe aufs Exempel und trat in einem Rock Club auf und fand auch dort begeisterte Zuhörer. Die jungen Leute mochten seinen eigenwilligen Gesangsstil. Das war nicht die Country Music, die sie mit ihren Eltern in der Grand Ole Opry gehört hatten, das war etwas ganz Neues, eine Musik, die mit dem Rock verwandt war und Texte brachte, mit denen man sich identifizieren konnte.
Es ging wieder aufwärts mit Willie. Mit den siebziger Jahren war endlich seine große Zeit gekommen, die Industrie und auch die Fans waren endlich bereit für ihn. Der erste Knüller war die 1971 erschienene LP »Shotgun Willie«, die öfter verkauft wurde als alle seine bisherigen Alben zusammen. Und zwei Jahre später schaffte er den endgültigen Durchbruch mit dem bahnbrechenden Konzeptalbum »Red Headed Stranger«, dessen Songs von einem Wanderprediger moderner Prägung erzählen und das in Kürze auch verfilmt werden soll. Die Platte hielt sich wochenlang auf Platz 1, wurde mit Platin ausgezeichnet und brachte dem Sänger einen Grammy Award ein. Ein Kritiker überschwenglich: »Willie Nelson hat ein so bedeutendes Album aufgenommen, daß man den Begriff Country Music neu definieren muß ...« Viel Lob für ein außergewöhnliches Album.
In den folgenden Jahren folgten weitere erfolgreiche LPs und das zur ständigen Einrichtung werdende Fourth of July Picnic, zu dem Willie befreundete Künstler wie Waylon Jennings einlud. Seit ihrer gemeinsamen LP »Wanted! The Outlaws« und ihrem Hit »Good Hearted Woman«, der ersten mit Platin ausgezeichneten LP in der Geschichte der Country Music, galten sie als Idole der neuen Outlaw-Bewegung, und die Fans kamen in Scharen, um ihnen zuzujubeln. Bereits das erste Picknick zog über fünfzigtausend Besucher an.
Willie Nelson wurde zur Kultfigur, zum Guru der neuen und progressiven Country Music. Er ließ alle anderen Stars weit hinter sich und genoß jetzt eine Narrenfreiheit, von der er in seiner Nashville-Zeit nicht einmal zu träumen gewagt hatte. Die Zeit war reif für ihn, und er war reif für ein Publikum, das inzwischen alle Altersklassen umfaßte. Willie, die Legende. Willie, das Phänomen. Sein Album »Stardust«, das im Jahre 1978 erschien und ausschließlich Evergreens enthielt, machte ihn sogar bei einem Publikum bekannt, das sich nie etwas aus Country Music gemacht hatte, und die Single »Always On My Mind«, 1982 erschienen und zweimal hintereinander zum Country Song des Jahres gewählt, brachte ihn

auch in den Pop Charts weit nach vorn. Er hatte ein beachtliches Debüt als Schauspieler in dem Film »The Electric Horseman« (»Der elektrische Reiter«) und spielte seine erste Hauptrolle in dem autobiographisch angehauchten Streifen »Honeysuckle Rose«. Den Titelsong »On the Road Again« schrieb er in zehn Minuten, was nicht verhinderte, daß dieser Song inzwischen von vielen Fachleuten als bester Country Song überhaupt geführt wird. Zwei weitere Duett-Alben mit Waylon Jennings folgten, »WW II« und »Take It to the Limit«, und ein neues Konzeptalbum mit dem Titel »Tougher Than Leather«, das wie »Red Headed Stranger« verfilmt werden soll. Im amerikanischen Pay-TV lief ein Zwei-Stunden-Special, und täglich kommen neue Meldungen über neue Aktivitäten aus dem Äther. Willie, der Nimmermüde, der alles verwirklichen will, was er sich erträumt hat.
Sein Geld kann er schon gar nicht mehr zählen. Er kaufte sich einen Privatjet, weil er die Dollars ja irgendwie unter die Leute bringen muß, »und wenn halt immer noch zuviel da ist, kaufe ich auch meiner Band einen Jet«. Willie, ein Multimillionär in Jeans und Turnschuhen, der diesen Outfit auch nicht bei der piekfeinen Gala der Country Music Association ablegt und das bleiben will, was er immer war: ein Outlaw, der seinen eigenen Weg geht und die Musik macht und so lebt, wie es ihm gefällt.

Deborah Allen und Rafe Van Hoy – Hits für die Stars

Aus den Jungstars wurden Großverdiener

Vor ein paar Jahren traten sie im deutschen Fernsehen auf, und kaum einer wußte was mit ihnen anzufangen. Ein netter junger Mann und ein hübsches Mädchen, zwei namenlose Musiker und Sänger aus Nashville, die ein paar Hits nachsangen und neben den Stars der Sendung verblaßten. Außer ein paar Country-Experten ahnte niemand, daß die Namen der beiden in Nashville hoch gehandelt werden und auf den Platten der meisten großen Stars zu finden sind: Deborah Allen und Rafe Van Hoy. Damals nur befreundet, heute ein Ehepaar und erfolgreicher denn je.
»Ich schrieb schon Songs, als ich die High School verließ«, erzählte mir Rafe, »ich versuchte es jedenfalls. Dann ging ich nach Nashville und studierte das Musikgeschäft. Ich schrieb ein paar Songs, machte bei einigen Sessions mit und lernte eine Menge Leute kennen. So schaffte ich auch den Durchbruch als Songschreiber. Zusammen mit Bobby Braddock, der schon viele Hits auf seinem Konto hatte, schrieb ich ›Golden Ring‹ für Tammy Wynette und George Jones. Die Platte landete auf Platz 1 der Charts, und man wurde auf meine Songs aufmerksam.«
Deborah Allen wollte eigentlich Sängerin werden. »Dann traf ich Shel Silverstein, den Autor von ›A Boy Named Sue‹ und ›Marie Laveau‹. Er hörte mich in einem Club in Nashville singen und lobte meine Stimme. Er schlug mir aber vor, Songs zu schreiben, weil es so viele gute Sänger gäbe und man Songs schließlich sein ganzes Leben lang schreiben kann. Ich glaubte damals, es schaffen zu können. Das war 1974. Inzwischen habe ich Songs für Tammy Wynette, Brenda Lee, Conway Twitty, Loretta Lynn und viele andere Künstler geschrieben.«
Rafe Van Hoy und Deborah Allen lernten sich vor einigen Jahren in Nashville kennen und lieben und arbeiten seitdem auch zusam-

Rafe Van Hoy und Deborah Allen – das erfolgreiche Songschreiber-Ehepaar aus Nashville.

men. Fast alle ihre Songs entstehen in Gemeinschaftsarbeit. »Songschreiben ist ein Handwerk«, sagt Rafe, »so wie Töpfern und Zimmern. Natürlich gehört auch viel Inspiration dazu. Bei uns ist zuerst die Idee da. Erst wenn wir wissen, was wir sagen wollen, beginnen wir mit dem eigentlichen Texten und Komponieren. Einige Songs basieren auf persönlichen Erlebnissen, andere auf Situationen, die jeder erleben kann. Ich bin stolz darauf, daß Sänger wie Kenny Rogers, T. G. Sheppard und die Oak Ridge Boys unsere Lieder singen, daß wir auf vielen Alben vertreten sind.«

Neuerdings schreiben die beiden allerdings hauptsächlich für – Deborah Allen. Der Traum der jungen Songschreiberin ist wahr geworden. »Seit meiner Jugend habe ich alles getan, um eine bekannte Sängerin zu werden und viele Leute zu erreichen«, hatte sie vor einigen Jahren noch gesagt, und 1984 war es endlich soweit. Mit dem Song »I ve Been Wrong Before« (geschrieben von Rafe Van Hoy und Deborah Allen) tauchte sie in den Country- und sogar in den Pop Charts auf. Und alles spricht dafür, daß Deborah Allen auch weiterhin im Rampenlicht stehen wird. Dafür wird sie selbst sorgen, zusammen mit ihrem Mann. Wer einen Nummer-1-Hit nach dem anderen für die Superstars schreibt, kann auch für sich selbst sorgen.

Im Dampfzug durch Amerika

Eine ungewöhnliche Reise durch das Land der Country Music

Gary Hart steigt in El Paso zu, die Gitarre auf dem Rücken, die Augen verklärt beim Anblick der riesigen Dampflokomotive. Einige Eisenbahn-Fans erzählen ihm, daß es sich um die 4449 der GS-4-Klasse handelt, aber so genau will er es gar nicht wissen. Ihm ist der Anblick des schwarz-rot-orange-farbenen Monstrums genug. Wie gebannt starrt er auf die gewaltigen Räder, faustgroßen Schrauben und stromlinienverkleideten Aufbauten. Der zischende Dampf hüllt ihn ein und versetzt ihn in eine Welt, die bisher nur in seinen Träumen und in seinen Liedern existiert hat – die große Zeit der transkontinentalen Dampfzüge, als man noch nicht anonym über den Wolken schwebte und auf einer Reise noch das richtige Feeling mitbekam. Wie oft hat er die Songs von Jimmie Rodgers, Boxcar Willie und Johnny Cash gehört. »Waiting for a Train«, »Casey Jones«, »I've Got a Thing About Trains« und wie sie alle heißen. Beim Anhören dieser Songs hat er das Schnauben der Lokomotive gehört, das Rattern der Räder, das Dröhnen der Zugpfeife. Er hat den Lokführer und den Heizer gesehen, wie sie sich an Hebeln und Ventilen zu schaffen machen. Passagiere tauchten im Dampf auf, vornehme Paare in langen Kleidern und seidenen Anzügen und heruntergekommene Hobos, die unbemerkt vom Schaffner auf einen Güterwagen springen. Er hat die dampfenden Züge in Arizona, New Mexico und Texas gesehen und das Echo der Zugpfeife gehört, das sich in den Canyons verlor. Aber wenn die letzten Akkorde des Songs verklangen, war auch der Traum vorbei, und die Wirklichkeit mit ihren japanischen Mittelklassewagen und Düsenflugzeugen holte ihn wieder ein.
Diesmal ist es kein Traum. Der Zug im Bahnhof von El Paso existiert wirklich, und die riesige Dampflok und die dreizehn Wagen sind keine Fata Morgana. In seiner Tasche steckt eine Fahrkarte nach Alpine, Texas, und nur wenige Minuten trennen ihn von ei-

nem Erlebnis, das für immer in der Vergangenheit begraben schien. In jahrelanger Arbeit ist es der Southern Pacific gelungen, die 1941 erbaute 4449 zu reaktivieren und dreizehn Waggons aufzutreiben, die teilweise schon einen festen Platz im Museum hatten. Doyle McCormack, der leitende Ingenieur und Lokomotivführer, Jack Wheelihan und nicht zuletzt die Mitglieder der National Railway Historical Society haben sich einen langgehegten Wunschtraum erfüllt und den legendären »Daylight Train«, einen der letzten großen transkontinentalen Dampfzüge, noch einmal auf die lange Reise von Portland, Oregon, nach New Orleans, Louisiana, geschickt. Auf der Weltausstellung soll der Zug eine Woche lang ausgestellt werden, bevor er die Heimreise in den Nordwesten der USA antritt.
Gary steigt in den vorletzten Wagen und bleibt auf der Plattform stehen, als der »Daylight« langsam anrollt. Dunkle Dampfwolken treiben am Fenster vorbei, und das Stampfen der Kolben und Mahlen der Räder ist bis hierher zu hören. Überall stehen Menschen und winken dem Zug zu. Bauarbeiter lassen die Kelle sinken, Geschäftsleute halten an und steigen aus ihren Autos und

---

Bildteil 2:

9. *Ed Bruce – als Songschreiber, Sänger und Schauspieler gleichermaßen erfolgreich*
10. *Tanya Tucker – mit dreizehn bereits ein Star, nach ihrer Affäre mit Glen Campbell in der Versenkung verschwunden*
11. *Bobby Bare läßt sich in kein Schema pressen – jedes Album unterscheidet sich vom vorhergehenden*
12. *Western Union auf dem Weg nach Nashville – die Berliner Gruppe kann auch in den USA auf Erfolge verweisen*
13. *Die Country Music Hall of Fame an der Music Row – ein Muß für alle Nashville-Touristen*
14. *Johnny Rodriguez – von den Slums auf die Bühne*
15. *Der Ernest Tubb Record Shop in Nashville – auch Willi (ohne e) war von dem Plattenangebot begeistert*
16. *Siebzigtausend Dollar mußte Joe für diesen 82er Kenworth auf den Tisch blättern*
17. *Ein Trucker, der etwas auf sich hält, hört nur Country Music – dieser Meinung ist auch Joe Canady.*

9 △

10 ▽

11 △ 12 ▽

13 △

14 ▽

15 ▽

KENWORTH
764
764
1022
R34-492
35784

16 △ 17 ▽

ADY
LINES,
35861
KW-58244
RRC-035830

ganze Schulklassen stehen vor ihren gelben Bussen und bestaunen das Monstrum aus einer anderen Zeit. Die meisten dieser Kinder kennen einen Dampfzug nur aus dem Fernsehen, und ihre Augen sind vor Staunen weit aufgerissen. Eisenbahn-Fans mit Fotoapparaten, Videokameras und Tonbandgeräten verfolgen den Zug, bis sie nicht mehr Schritt mit der immer schneller werdenden Lok halten können. Gary winkt ihnen zu, ist sehr froh, an einem Abenteuer persönlich teilhaben zu können, das andere nur aus der Ferne erleben.
Es ist wie in den Songs, die Gary singt oder im Radio hört. Und er kann jetzt einen Mann wie den Country-Star Merle Haggard verstehen, der tausend Meilen reist, um sich einen Zug wie diesen anzuschauen. Der »Daylight« entführt Gary in eine andere Zeit, in den Bereich zwischen Traum und Wirklichkeit, den sie in Amerika die »Twilight Zone« nennen. Das Rattern der Räder ersetzt den Herzschlag, die Dampfschwaden werden zum festen Bestandteil der Luft, die er jetzt zum Atmen braucht. Das Signal der Zugpfeife klingt sehnsuchtsvoller als je zuvor und verursacht eine Gänsehaut. Gary hat die wirkliche Welt verlassen und die Welt seiner Lieder betreten. Die innere Anspannung des Alltags weicht einer seltsamen Ausgeglichenheit, die alles andere unwichtig werden läßt. Es gibt nur noch den Zug, die Lok und dreizehn Wagen.
Die letzten Häuser von El Paso fliegen am Fenster vorbei. Noch ein paar Hütten, ein Autofriedhof mit rostigen Wracks und ein paar Motels und Hamburger-Buden an einem Highway, dann ändert sich auch die Landschaft, und die Welt sieht wieder aus wie vor vierzig, fünfzig, hundert Jahren. Endlose Ebenen, schroffe Felsenberge, tiefe Canyons, ausgetrocknete Flüsse und der stählerne Schienenstrang, flankiert von Telegrafenmasten und vereinzelten Signalen. Der amerikanische Westen, wie er schon zur Zeit der Cowboys und Comanchen ausgesehen haben muß, und nur der Hubschrauber einer Fernsehstation, der dem Zug im gewagten Tiefflug folgt, erinnert daran, daß Gary immer noch in den achtziger Jahren des zwanzigsten Jahrhunderts lebt.
Der Zug macht jetzt Tempo, braust mit über neunzig Meilen über die Schienen. Einige Rinder springen erschrocken zur Seite, als die Zugpfeife ertönt, und die Pferde einer kleinen Ranch beginnen zu bocken. Heißer Wind weht Gary ins Gesicht und rötet seine Augen. Er betritt den Wagen, läßt sich an einem Tisch nieder und bestellt ein Coors. Das kühle Bier tut gut nach der glühenden Hitze

auf der Plattform. Er stellt die Flasche hin und zupft ein paar Akkorde auf seiner Gitarre.
»He«, ruft ein Passagier, »bist du 'n Country-Sänger?«
Gary lächelt. »Ich singe öfters in 'nem Club und trete bei Hochzeiten und Familienfesten auf.«
»Kannst du 'n paar Eisenbahn-Lieder?«
»Darauf kannst du wetten«, sagt Gary, »warum hätte ich denn sonst meine Gitarre dabei?«
»Worauf wartest du dann noch?«
Gary nimmt einen Schluck aus der Flasche und legt los. »From the great Atlantic Ocean to the wide Pacific Shore ...« Der »Wabash Cannonball«, der »Orange Blossom Special«, »All Around the Watertank« ... ein Train Song nach dem anderen, und das Publikum wird immer zahlreicher. Aus allen Wagen kommen die Leute angelaufen, um dem Mann aus Deming, New Mexico, zuzuhören. Sogar ein Fernsehteam aus dem Pressewagen rückt an und richtet die Kamera auf den Sänger. Der schwebt in einer anderen Welt, lebt die Lieder, die er sonst nur im Wohnzimmer oder im Club singt. Ein paar Tage später wird er glauben, alles nur geträumt zu haben, und vielleicht ist es ja wirklich so. Vielleicht kommt dieser Zug wirklich aus der Twilight Zone, in der die Grenzen zwischen Traum und Wirklichkeit verrücken.
Der Zug rattert durch den Bahnhof von Langtry. Ein paar baufällige Lehmhäuser inmitten einer urwüchsigen Landschaft aus Felsen und Sand und das »Gerichtsgebäude« von Roy Bean. Vor hundert Jahren tagte »der einzige Richter westlich des Pecos« in der heruntergekommenen Kneipe und fällte das Urteil über Killer und Pferdediebe. Sein Gesetzbuch war ein Versandhauskatalog, und die Strafen richteten sich nach der finanziellen Lage des Richters, und wenn Roy Bean schlechte Laune hatte oder einen Angeklagten nicht leiden konnte, mußte der damit rechnen, am nächsten Ast aufgeknüpft zu werden.
»War schon 'ne wilde Zeit damals«, sagt jemand.
»Wieso? Ist sie denn schon vorbei? Wir sind in einem Dampfzug, Mann, und ich weiß nicht, welches Jahr wir haben. 1940, 1876, wer auf diesem Zug weiß das schon ...«
Langtry verschwindet hinter Hitzeschleiern. Das Land erscheint wieder grenzenlos und leer, und es würde einen nicht wundern, wenn plötzlich Comanchen hinter einem Felsen auftauchten und den Zug angriffen. Aber alles bleibt still. Nur das Schnauben der

Gary Hart steigt in El Paso zu und träumt von der großen Zeit der Dampfeisenbahn: »Waiting for a train . . .«

Lok und das Rattern der Räder ist in dieser Einsamkeit zu hören. Das Land erscheint wie eine Kulisse, wirkt genauso unwirklich wie der Zug selbst. So was haben auch Amerikaner bisher nur im Kino gesehen.

Der Zug wird langsamer, windet sich über eine stählerne Brücke. Gary klebt am Fenster, blickt in die grünen Fluten des Pecos Rivers hinab. Namen aus einem Westernroman, aus einem Country Song, bisher reine Fantasie, jetzt real. Eisenbahn-Fans lehnen aus den Fenstern und bannen den unvergeßlichen Anblick auf Film, staunen darüber, daß in der Wirklichkeit alles viel größer ist als im Kino.

Gary greift wieder nach seiner Gitarre, zupft einen Akkord. »Jetzt singe ich euch mal 'nen eigenen Song vor«, sagt Gary. »Ich hab' ihn für Johnny Cash geschrieben, und er hat ihn sich auch wirklich angehört, aber ich weiß natürlich nicht, ob er ihn jemals aufnehmen

Noch einmal auf großer Fahrt: der »Daylight« der Southern Pacific auf seiner letzten Reise von Portland nach New Orleans.

wird. Er heißt ›Road to Freedom Land‹ und hört sich ungefähr so an ...« Und dann singt er von dem armen Wandersmann, der jahrelang durch den Westen wandert, auf der Suche nach dem Zug, der in die Freiheit fährt.

Gary Hart hat ihn gefunden. Zumindest einen Tag lang ist er losgelöst vom Alltag und seinen Problemen, acht Stunden lang ist die Traumwelt seiner Lieder greifbare Wirklichkeit. Der Dampfzug entführt ihn in ein freies Land, das aus dem Fenster eines Straßenkreuzers nicht mehr ganz so frei aussehen wird, und das Tuten der Dampfpfeife wird zum Signal der Freude, es endlich geschafft zu haben. Seine Lieder sind Wirklichkeit. »I'm on that road to Freedom Land ...«

AFN-Discjockey Gene Price: eine halbe Milliarde Zuhörer

Der Mann mit den vielen Stimmen begann als Schauspieler

Vielleicht ist er der bekannteste Country-Discjockey der Welt. Rund um den Erdball und natürlich auch in deutschen Landen tönt seine sonore Stimme täglich aus dem Radio. »Well ... now ... how is it going?« heißt es um kurz nach neunzehn Uhr, und dann folgt ein Country-Hit auf den anderen, nur unterbrochen von den Ansagen des DJs und seiner Sidekicks Willard W. Willard und Bags Bagwell. Alle drei Stimmen gehören Gene Price. Der weißhaarige Mann aus Südkalifornien ist ein Multitalent, verdiente sich seine Brötchen jahrelang als Schauspieler und landete erst vor ein paar Jahren bei der Country-Station KLAC in Los Angeles. Viereinhalb Stunden dauert seine tägliche Schicht beim Sender, und in den Abendstunden bleibt ihm genug Zeit, eine Stunde Country Music für den AFN aufzunehmen. Der amerikanische Soldatensender strahlt sein Programm in einem großen Teil der freien Welt aus, und er berichtet nicht ohne Stolz: »An guten Tagen habe ich eine halbe Milliarde Zuhörer.«

Zu dem Traumjob bei der Armee kam Gene Price durch eine gehörige Portion Können und auch etwas Glück. »Anfangs wollten natürlich alle den Job haben«, berichtet er. »Ungefähr dreihundert Discjockeys bewarben sich um die Show. Ich stellte eine, glaube ich, ziemlich gute Sendung zusammen und landete unter den letzten zwanzig Bewerbern. Dann waren es plötzlich nur noch zehn, dann fünf, und schließlich blieb ich übrig.«

»Gene Price's Country World« ist eine selbst für amerikanische Verhältnisse originelle Country Show. Musikalisch bietet sie dasselbe wie die meisten anderen Sender. Montags bis donnerstags kommen Platten aus den Top 40 auf den Teller, und am Freitag sind Oldies an der Reihe. Das gibt es auch in Houston und Dallas. Den Unterschied macht Gene Price selbst mit seinen humoristi-

Die Macherinnen des besten kleinen Country-Senders in Arizona: KCRJ in Cottonwood.

schen Einlagen und Stimmenimitationen. Ronald Reagan ist ein gerngesehener Gast in seiner Show, und Willard W. Willard mit seiner nasalen Stimme und seinen bissigen Kommentaren ist aus der Sendung gar nicht mehr wegzudenken. Nicht zu vergessen Mr. Moose, der trampelnd ins Studio poltert, mit einem Biepton die Zeit ansagt und türenschlagend wieder verschwindet. »Ja, ich mache alles selber«, sagt Gene mit der Stimme seines Sidekicks. »Ich war früher Schauspieler und habe auch in vielen Werbespots mitgewirkt. Da lernt man sowas.«
Als Discjockey treibt Gene sich schon vierzehn Jahre in Kalifornien herum. KLAC, einen der größten Sender des Staates, betrachtet er als vorläufige Endstation, nicht zuletzt, weil er sich in einem Wüstental ein flottes Haus gekauft hat. Dort steht auch das Studio, in dem er die Sendungen für AFN aufnimmt. »Die Bänder werden vervielfältigt und in alle Welt verschickt. Wenn sie gesendet wer-

den, sind sie ungefähr vier Wochen alt. Ich kann also verhältnismäßig aktuell sein.«
Fanpost bekommt er täglich in ganzen Bündeln. Viele Briefe kommen aus Deutschland, an das Gene nur gute Erinnerungen hat. »Ich war zweieinhalb Jahre lang in einem kleinen Ort zwischen Mannheim und Heidelberg stationiert, und die Leute dort waren sehr nett zu mir. Ich kann auch noch ein paar deutsche Worte: Wo ist der Bahnhof? Wo ist das Krankenhaus? Aber damit hat es sich dann auch. Ich habe Deutschland in guter Erinnerung, und ich weiß es sehr zu schätzen, daß ich dort soviele Fans habe.«
Aber nicht nur in Deutschland, auch im Fernen Osten und in der Südsee hören ihm die Leute zu, und er kann mit Recht stolz darauf sein, daß die Mehrzahl der Hörer nicht amerikanische Soldaten, sondern Bürger des jeweiligen Landes sind. Country Music ist international, und wenn auch nicht jeder den guten Gene versteht, seine Musik und seine Stimme hören alle gern.

INFO

»Gene Price's Country World« wird montags bis freitags von allen Sendern des AFN ausgestrahlt. Zur Zeit beginnt die Sendung um kurz nach neunzehn Uhr, der AFN ändert aber alle paar Jahre sein Sendeschema, so daß die Show auch auf einen anderen Termin rutschen kann. Andere Country-Sendungen des AFN: »Country Style« (werktags von 12:10 bis 13:00 Uhr) und »Country Countdown«, die aktuelle Hitparade (samstags von 13:00 bis 16:00 Uhr). AFN-Rundfunkstationen gibt es in Frankfurt, Kaiserslautern, Bremerhaven, Berlin, Nürnberg, Stuttgart und München.

Ed Bruce, der Mann mit der sanften Stimme

Der Sänger schreibt einen Superhit nach dem anderen

»Mamas Don't Let Your Babies Grow Up To Be Cowboys ...« tönte es aus dem Lautsprecher meines Autoradios. Und dann der Discjockey: »Wow! What a song! But that ain't all. Der Mann, der diesen Song geschrieben hat, tritt heute abend im Emerald Valley Forest Inn auf, um 19 und um 21 Uhr. Restkarten gibt es noch an der Abendkasse ...«

Wir trauten unseren Ohren nicht. Da waren wir in der Nähe von Eugene in einem entlegenen Teil von Oregon unterwegs und bekamen plötzlich die Möglichkeit, einen der besten und kreativsten Country-Sänger kennenzulernen. Ich ans nächste Telefon, Karten bestellt und einen Interview-Termin verabredet.

Zwei Stunden später saßen wir wieder im Blazer. Wir brausten über den Freeway nach Süden und fanden nach einigem Suchen den Emerald Valley Forest Inn, ein schickes Golfhotel in einer gepflegten Parklandschaft. Nicht gerade die Umgebung, in der man ein Country-Konzert erwartet, aber die Aufkleber an den vielen geparkten Autos sprachen eine andere Sprache: »Willie for President«, »Country Is for Lovers«, »We Love Country Music« ...

Die erste Show war gerade vorbei, und Ed Bruce war noch damit beschäftigt, den Fans Autogramme zu geben. Dann stellten wir uns vor, und er führte uns in einen Tagungsraum des Hotels, der als Garderobe herhalten mußte. Bei einer Dose Budweiser erzählte er uns, wie alles begann.

Ed Bruce wurde in Keiser, Arkansas, geboren und wuchs in Memphis, Tennessee, auf. Er verbrachte aber fast jede freie Minute auf der Farm seines Großvaters. Von Musik war damals kaum die Rede. »Mein Vater war mal Schlagzeuger, als er jung war, und wir sangen oft im Auto, wenn wir unterwegs waren«, berichtete Ed, »aber keiner in unserer Familie wollte die Musik zu seinem Beruf

machen. Sie waren Farmer und Arbeiter. Ich war der einzige, der auf diese verrückte Idee kam.«
So richtig los ging es aber erst in den fünfziger Jahren. »Ich begann 1957 bei Sun Records, bei diesem Label waren auch Jerry Lee Lewis und Johnny Cash unter Vertrag. Ich spielte damals das, was man Rockabilly nannte, diese Musik überbrückte die Kluft zwischen Rock 'n' Roll und Country, sie hatte von beidem etwas.«
»Aber Sie lebten nicht nur von der Musik?«
Ed nahm einen Schluck von seinem Bier. »Nach der High School arbeitete ich eine Zeitlang im Geschäft meines Vaters, er verkaufte Gebrauchtwagen. Nach sieben, acht Jahren hatte ich aber die Nase voll von diesem Job. 1966 verließen wir Memphis und zogen nach Nashville. Ich schrieb damals schon Songs und spielte mit einer Band in Clubs. In Nashville wollte ich die Sache forcieren und besser ins Geschäft kommen.«
Ed Bruce wurde von RCA und später von Monument unter Vertrag genommen, aber seine Platten verkauften sich nicht gerade gut. Seine Stimme blieb den Werbeleuten jedoch nicht verborgen, und er nahm einige Commercials für »United Airlines« und die Hamburger-Kette »Burger King« auf. Auch andere Stars hatten mit seinen Liedern großen Erfolg. Tanya Tucker mit »The Man That Turned My Mama On« und »Texas (When I Die)«, Crystal Gayle mit »Restless« und Willie Nelson und Waylon Jennings mit »Mamas Don't Let Your Babies Grow Up to Be Cowboys«.
»›Mamas Don't Let Your Babies Grow Up to Be Cowboys‹ – was brachte Sie eigentlich auf die Idee zu diesem Superhit?«
»Ich wollte, ich wüßte das. Die Idee kam von irgendwoher. Ich schrieb den Refrain und die erste Strophe innerhalb weniger Minuten. Dann kam ich nicht mehr weiter. Ich fuhr nach Hause zu meiner Frau Patsy und sagte: ›Ich glaube, ich habe einen Hit geschrieben, aber ich brauche noch eine Strophe.‹ Einige Wochen später setzten wir uns dann gemeinsam hin und schrieben diese zweite Strophe.«
»Haben Sie eine besondere Technik beim Schreiben?«
»Nein, ich bekomme eine Idee und arbeite sie aus, das ist alles.«
Inzwischen ist Ed Bruce auch als Sänger erfolgreich – mit seinen eigenen Liedern, versteht sich. Zum Beispiel mit dem Superhit »The Last Cowboy Song«, einem Abgesang auf die wilde Zeit des amerikanischen Westens. Willie Nelson ließ es sich nicht nehmen, eine Strophe auf Platte zu singen, sozusagen als Dank für »Mamas

Ed Bruce

Don't Let Your Babies Grow Up to Be Cowboys«. »Ich fragte ihn, und er kam. So einfach war das. Er mochte den Song, und als wir mit der Aufnahme fertig waren, ließ er sich sogar eine Kassette mit dem Song geben.«

»The Last Cowboy Song« kam in den Charts ganz nach vorn, und auch seine nächsten Hits »Evil Angel«, »Everything's A Waltz« und »My First Taste of Texas« konnten sich gut in der Hitparade plazieren.

Aber Ed Bruce hat noch ein anderes Eisen im Feuer. Seitdem er in einem Werbefilm für den Staat Tennessee aufgetreten ist, arbeitet er auch als Schauspieler. An der Seite von James Garner spielte er in einer Neuverfilmung der Maverick-Serie, die auch in Deutschland zu sehen war. In den USA lief sie gleich nach der Barbara-Mandrell Show, überstand aber nur eine Saison. Auch die Titelmelodie »Theme From Bret Maverick« stammte von Ed Bruce, und einen Song auf dem Album sang er sogar mit James Garner zusammen. Weitere Filmangebote liegen vor, und man kann wohl er-

»Mamas Don't Let Your Babies Grow Up to Be Cowboys ...« Ed Bruce beim Country-Festival in Frankfurt.

warten, daß Ed Bruce auch als Schauspieler Karriere machen wird.
»Sie sind also ganz schön beschäftigt zur Zeit?«
»Das kann man wohl sagen, aber ich betrachte mich immer noch als Songschreiber. Das Schreiben von Songs ist mein Hauptberuf. Vor einem Publikum zu stehen und zu singen, macht mir großen Spaß, aber wenn ich alle meine Berufe außer einem aufgeben müßte, bliebe ich beim Songschreiben.«
Wir bedankten uns und trafen Ed Bruce einige Minuten später im Konzertsaal wieder. Er stand in Jeans und T-Shirt auf der Bühne, die Zigarette lässig zwischen den Fingern, und sang seine großen Hits. »Mama Don't Let Your Babies Grow Up to Be Cowboys« ... und der ganze Saal sang mit ...

Bobby Bare: »Vielleicht bin ich schizophren!«

Der Sänger aus Ohio läßt sich nicht festlegen

Seit seinen Superhits »Detroit City« (»I Wanna Go Home ...«) und »500 Miles Away From Home« ist Bobby Bare auch bei den Pop-Freunden ein Begriff. Seine Lieder tauchten sogar in den Hitlisten der deutschen Sender auf, und ein Produzent überredete ihn gar, einige Songs in Deutsch aufzunehmen. Über diese Produktion kann Bobby Bare heute nur noch milde lächeln. Er gehört zu den beständigsten Sängern und trat bereits in den sechziger Jahren live vor einem deutschen Publikum auf. Seitdem war er mehrmals auf europäischen Festivals und im deutschen Fernsehen zu sehen. Er gehört sicher nicht zu den absoluten Superstars, will das auch gar nicht und hält es für einen weit größeren Erfolg, schon so viele Jahre an der Spitze mitzumischen. Sein vielseitiges Können macht jede neue Platte zu einer Überraschung, und er hat von langsamen Balladen bis zu Rolling-Stones-Hits schon alles gesungen. Ein Song muß gut sein, allein darauf kommt es ihm an. Am bemerkenswertesten war vielleicht seine Zusammenarbeit mit dem Texter Shel Silverstein, der ihm riesige Hits wie »Marie Laveaux« und »The Jogger« auf den Leib geschrieben hat.
Bernd Glodek, Country-DJ beim Norddeutschen Rundfunk, und ich trafen Bobby Bare in Forth Worth, Texas, Berlin, München und Bremen und führten mehrere Gespräche mit ihm.

Du hattest es ziemlich schwer in deiner Jugend, nicht wahr?

Ja, wir waren schon sehr arm, aber das wurde uns damals gar nicht bewußt, da wir ja keinen Vergleich hatten. Aber wenn ich heute zurückdenke – ja, waren schon harte Zeiten damals.

Dein erster großer Hit hieß »All American Boy«

Das war so 'ne Art Rock'n' Roll-Hit. Die Platte kam zu einer Zeit heraus, als man noch nicht allzu gut für einen Song bezahlt wurde. Fünfzig Dollar – das war alles, was ich bekam.

Wie kamst du an deinen wohl größten Hit »Detroit City?«

Billy Gramar hatte den Song schon vor mir aufgenommen. Ich wohnte damals in Los Angeles und hörte ihn im Autoradio. Wow, dachte ich, das ist ein toller Song. Ich fuhr kurz darauf nach Nashville und nahm »Detroit City« auf.

Du hast dich auch mal beim Film versucht ...

Ich spielte in dem Western »Distant Trumpet« mit. Außer mir waren noch Suzanne Pleshette und Claude Akins mit von der Partie. Ich spielte einen Kavalleristen aus Kentucky, der nicht gerade freundlich zu seinen Kameraden war. Er stahl ihnen das Wasser und wurde von ihnen als Deserteur gebrandmarkt. War eine interessante Erfahrung, aber ich würde es nicht wieder machen. Das Filmemachen ist ziemlich langweilig, man sitzt viel rum und wartet.

Bobby, du kamst schon zu Beginn deiner Karriere mit vielen Songs in die Pop Charts, manchmal sogar eher als in die Country Charts.

Das war nicht meine Absicht. Es hatte wohl mit der Produktion und den Arrangements zu tun, die Chet Atkins für mich schrieb. Er ist ein großartiger Musiker und hat einen guten Geschmack. Mein Gesang ist offensichtlich Country, also müssen die Arrangements schuld daran gewesen sein.

Erinnerst du dich noch an deinen ersten Besuch in Deutschland?

Oh, den werde ich nie vergessen! Das war 1964. Ich verbrachte sogar meinen Geburtstag in Deutschland, den 7. April. Ich war mit Jim Reeves, Chet Atkins und den Anita Kerr Singers auf Tournee.

Bobby Bare im Bayerischen Fernsehen – der Country-Superstar ist in Deutschland ein gerngesehener Gast.

Stehst du mit einigen dieser Künstler noch in Kontakt?

Chet und ich sind sehr gute Freunde, und das wird sich auch nie ändern. Jim Reeves kam bei einem Flugzeugabsturz ums Leben – drei Wochen nach unserer Rückkehr in die Vereinigten Staaten. In Deutschland sah ich ihn zum letztenmal. Nach der Deutschland-Tournee flogen wir alle nach Nashville zurück – außer Jim, der noch einer Verpflichtung in England nachkommen mußte. »Ich sehe euch in Amerika«, verabschiedete er sich von uns, aber ich traf ihn nie mehr wieder.

Du hast in den sechziger Jahren sogar zwei oder drei Songs in deutscher Sprache aufgenommen.

Ja, ich erinnere mich. »Rosalee« hieß einer. Ich habe damals eine ganze Reihe von deutschen Songs aufgenommen – in

Nashville und Berlin. War ein großes Abenteuer für mich, das würde ich gern noch einmal versuchen.

Bist du überrascht darüber, daß die Country Music so erfolgreich in Deutschland ist?

Ich wußte, daß dieser Erfolg möglich war. Als Chet, Jim und ich in Deutschland waren, wurden wir gut aufgenommen. Aber jetzt ist die Country Music auf der ganzen Welt im Kommen, und ich bin froh darüber. Als ich anfing, hatte ich keine Ahnung, daß sie mal so populär werden würde. Diese Popularität verschafft mir die Möglichkeit, in viele Länder zu reisen und neue Fans zu treffen.

In den sechziger Jahren hast du mit Skeeter Davis, zu Beginn der achtziger Jahre mit Rosanne Cash und Lacy J. Dalton zusammen gesungen ...

Ich habe mit vielen Künstlern zusammen gespielt und gesungen. Als Waylon (Jennings) nach Nashville kam, beschäftigte ich ihn öfter – er spielt zum Beispiel bei »Streets of Baltimore« die Leadgitarre. Auf einem seiner Alben singen wir bei »Come on Home and Sing the Blues to Daddy« im Duett. Auf einem meiner Alben sind Dr. Hook, Waylon Jennings, Willie Nelson und Shel Silverstein zu hören. Ich hab' so ungefähr mit jedem schon gesungen. Im letzten Sommer nahm ich »Willie Jones« mit Charlie Daniels auf.

In den siebziger Jahren änderte sich deine Musik, sie wurde moderner.

In den frühen siebziger Jahren hatte ich mehr Freiheiten. Chet Atkins produzierte mich nicht mehr, weil er mehr komponieren und auf Tournee gehen wollte. Er fragte mich, ob ich meine Platten selber produzieren wolle, und ich sagte natürlich zu. Ich hatte also plötzlich mehr Freiheiten. Ich konnte eigene Ideen verwirklichen und mit neuen Autoren und Komponi-

Bobby Bare (links) und Larry Gatlin – zwei Country-Stars beim morgendlichen Plausch vor einer Fernsehshow.

sten zusammenarbeiten. Damals begann ich auch meine Zusammenarbeit mit Shel Silverstein. Eines der ersten Alben hieß »Lullabys, Legends And Lies«, meine Lieblingsplatte.

Ein sehr interessantes Album war auch »Singin' In The Kitchen« – ein lustiges Küchenalbum, das eine gute halbe Stunde lustiger ›Hausmusik‹ enthält.

Ja, wir nahmen Töpfe, Pfannen, Löffel und so 'n Zeug, schnappten uns die Kinder und gingen ins Studio. Dort sangen wir einfach drauflos. War 'ne richtig lockere Sache, die sehr viel Spaß machte.

Auch auf deinen Alben »Down And Dirty« und »Drunk And Crazy«

geht es sehr locker zu. Wie hast du diese Atmosphäre auf die Platte gebracht?

Das war ganz einfach. Wir luden einen Haufen Leute ins Studio ein, bauten eine Bar auf und machten sie betrunken. Nachdem die Aufnahmen im Kasten waren, stand kaum noch einer gerade.

Die Charlie Daniels Band veranstaltet jeden Januar eine Volunteer Jam in Nashville, bei der sich Country- und Rockstars treffen. Du warst bei der letzten Jam dabei. Wie war's?

Das war eine verrückte Sache. Viele Künstler waren da, hauptsächlich Rockstars. Billy Joel, Ted Nugent, Shakin' Stevens. Ich sang »Numbers«, »Detroit City« und viele andere Songs, bin aber nur mit »Marie Leveaux« auf dem Album (»Volunteer Jam VII«) vertreten. Auf dem Album sind nur ein paar der Künstler zu hören, die bei der Jam dabeiwaren, in erster Linie natürlich solche, die CBS unter Vertrag stehen. Die Sache machte großen Spaß. Sogar Bruce Springsteen wollte kommen, schaffte es dann aber nicht. Na, Ted Nugent kam wohl auch nur, weil er eine Freundin in Nashville hat. Ich kam gut mit den Rockstars aus, die meisten sind ja mit meinen Platten aufgewachsen.

Deine Alben unterscheiden sich sehr voneinander. Warum wechselst du dauernd den Stil?

Vielleicht bin ich schizophren! (lacht) Nein, ich weiß ja selber nie, wie das nächste Album aussehen wird. Zum Beispiel meine nächste Platte, ich weiß jetzt noch nicht, wie sie aussehen wird. Ich weiß nur, daß sie frisch und interessant sein wird. Aufnahmen sind immer ein Abenteuer für mich. Das treibt mich an, hält mich bei der Stange – die Möglichkeit, immer etwas Neues zu tun.

Was bist du – Folk, Pop oder Country?

Ich singe Lieder. Ich mag gute Melodien und gute Texte, die eine Geschichte erzählen. Aber ich bin natürlich Country, schon mein Dialekt macht mich dazu.

Wie hast du es fertiggebracht, so lange an der Spitze zu bleiben?

Ich habe viele gute Songs aufgenommen, hart gearbeitet und meine Arbeit immer ernstgenommen. Man muß jeden Tag hart ran.

Jerry Jeff Walker: »Ich will keinen Plattenvertrag!«

Der »Cosmic Cowboy« geht wieder auf Tournee

In den siebziger Jahren war er ein Star. Zur selben Zeit, als seine Freunde Willie Nelson, Waylon Jennings und Michael Murphy ins Rampenlicht traten und das junge Publikum für eine neue Art von Country Music begeisterten, schaffte auch er den Durchbruch und fand sich plötzlich mit seinen sehr persönlichen Liedern in den Hitparaden wieder. Ein ungewohnter Zustand für den eigenwilligen Sänger und Songwriter, der lieber vor wenigen Zuschauern spielt und ein Publikum braucht, das ihm wirklich zuhört. »In den großen Hallen gehen meine Ansagen unter«, sagt er, »werden wohl nur als Füllsel verstanden, aber ich habe wirklich etwas zu berichten. Zwischen den Liedern erzähle ich gern, wie es zu einem bestimmten Song gekommen ist und was ich beim Schreiben gefühlt habe.« So wie in jener Nacht in New Orleans, als Jerry Jeff einen Mann auf der Straße traf und dessen Geschichte in einem Song verarbeitete: »Mr. Bojangles«. Außer einigen Country-Fans weiß kaum einer, daß Jerry Jeff Walker dieses Lied geschrieben hat, das in über sechzig Versionen auf dem Markt ist und durch Sammy Davis zu einem Welthit gemacht wurde. »Es war ein unkonventioneller Song«, sagt Jerry Jeff, »hätte ich vorher einer Plattenfirma darüber erzählt, hätten die wahrscheinlich müde abgewinkt. Zu lang, zu unkommerziell und dann noch über einen alten Mann, das kann ja nie etwas werden und so.«
Mit den Plattenfirmen hatte Jerry Jeff schon immer seine Schwierigkeiten. »Meine Musik war immer zu lang und zu schmutzig. Die Plattenfirmen wollen kurze Songs, die in die Hitparade kommen und von den Sendern gespielt werden. Ich will raus und für ein paar Leute spielen. Ich habe keine Lust, mich dauernd mit den Typen von den Plattenfirmen rumzustreiten. Es geht auch so, nein, ich will keinen Vertrag mehr.«

Ein Mann, der seit mehreren Jahren ohne Plattenvertrag dasteht, kaum von den Rundfunkstationen gespielt wird und dennoch mit tosendem Applaus begrüßt wird, als er die Bühne von »Gilley's« betritt. Wir kommen gerade richtig zur Show und finden ein paar freie Plätze dicht vor der Bühne. Neben uns zwei eingefleischte Fans, die schier ausflippen, als Jerry Jeff gewohnt lässig vors Mikrofon tritt und den ersten Song anstimmt. Die Band spielt perfekt, bei langsamen und bei schnellen Liedern, und der Leadgitarrist könnte in jeder Rock-Band bestehen. Sein virtuoses Spiel gibt den Songs einen Drive, den man auf Platte oft vermißt. Besonders bei »L. A. Freeway« reißt es die Leute von den Stühlen, so haben sie sich Jerry Jeff und seine Band vorgestellt.

Jerry Jeff präsentiert ein Mammutprogramm, fast zweieinhalb Stunden lang hält er die Zuhörer in Atem. Zwischendurch ein paar Worte, eine kleine Geschichte und der obligatorische Griff zur Flasche, in der sich aber nur Wasser befindet. »1980 ging es mir ziemlich dreckig«, erzählt der Sänger uns nach der Show, »ich trank Alkohol und nahm Drogen und ernährte mich von dem falschen Zeug. Als ich fast den ganzen Dezember verschlafen hatte, beschloß ich, das Ruder herumzureißen. Ich landete auf dem Gesundheitstrip, schwamm viel, rannte zehn Meilen am Tag und griff nicht mehr nach der Flasche und nach den Pillen. Es gibt andere Möglichkeiten, um in Stimmung zu kommen, und ich lebe auch heute noch gesund.«

Jerry Jeff Walker wuchs in New York auf, versteht sich aber als Texaner. »Als ich zum erstenmal mit meiner Gitarre durch Texas trampte, wußte ich sofort, daß ich hier bleiben würde. Ich mag, wie die Leute hier leben. Das Publikum ist anders hier. Die Texaner mögen Songs, die ein bißchen Tiefgang haben, nicht nur dieses Bla-Bla. Und ich treffe interessante Menschen hier. Ich schreibe nur über das, was ich selbst erlebt habe, könnte nie etwas beschreiben, das nur in meiner Vorstellung existiert. So wie dieser Wagner, der nie viel von der Liebe hielt und trotzdem eine Oper darüber verfaßte. Ich möchte auf die Bühne gehen und mich bei den Liedern an bestimmte Begegnungen erinnern, ich möchte die Erfahrungen mit anderen Menschen teilen.«

Zu den interessantesten Menschen, die Jerry Jeff je kennenlernte, gehörte Hondo Crouch, der Besitzer des berühmten Luckenbach. Der kleine Ort, von Waylon Jennings im gleichnamigen Song unsterblich gemacht, besteht nur aus einer Kneipe und wurde zu ei-

Jeder Country-Fan, der etwas auf sich hält, greift zu Cowboy-Stiefeln – in Texas gibt es genug.

nem Wallfahrtsort für Country-Fans und Ausgeflippte. »Luckenbach ist etwas Besonderes«, sagt Jerry Jeff, »der kleine Ort war ein Grund dafür, daß ich in Texas blieb. Als Hondo Crouch Luckenbach kaufte, war ich gerade im Hill Country und zog mich nach jeder Show dorthin zurück. In Luckenbach kannst du herrlich abschalten.«

Jerry Jeff Walker, der ungewollte Superstar, tritt heute nur noch live auf und weigert sich hartnäckig, einen Plattenvertrag zu unterschreiben. Dabei verkauft er immer noch eine Menge Platten, so um die hunderttausend Stück pro Jahr. Ihm reicht es, wenn sich ein paar Leute wirklich für seine Musik interessieren, wenn er unbeachtet vom Streß der Plattenindustrie seine Lieder singen kann. »Das reicht mir«, sagt er, »ich will nicht mehr so groß wie früher sein. Mir reicht's, wenn wir unser Auskommen haben und die Musik machen können, hinter der wir wirklich stehen.«

Luckenbach, der Wallfahrtsort aller Fans und Freaks. Eine Büste erinnert an Hondo Crouch, den einstigen Besitzer der winzigen Ortschaft.

Saddle City Band – auf dem Sprung nach oben

Die Band aus Tucson will den Erfolg

Tucson, Arizona, um elf Uhr nachts. Das Thermometer zeigt immer noch warme zwanzig Grad Celsius, und keiner von uns denkt schon ans Schlafengehen. Country Music ist angesagt, und wir wissen, wo die beste Live Music gespielt wird: im Outlaw Club in der Lester Street. Von außen gibt der Schuppen nicht viel her, aber drinnen tobt wie immer das bunte Leben. Die Jungs von der Saddle City Band, seit ein paar Jahren gute Freunde von uns, stehen auf der Bühne und heizen dem Publikum ordentlich ein. Rick Nuttall und seine Jungs sind in Hochform und rocken und swingen, was das Zeug hält. Country-Hits aus den Charts, lupenreiner Rock 'n' Roll, eine Parodie auf Willie Nelsons und Julio Iglesias' »All the Girls I've Loved Before« und das einzige deutschsprachige Lied, das sie auf Lager haben: »Komm gib mir deine Hand« von den Beatles. Vor zwei Jahren haben sie dieses Lied schon einmal gespielt, vor vierhundert deutschen Reisebüro-Angestellten im nahen Scottsdale, und Rick erinnert sich schmunzelnd: »Die Leute waren richtig drauf, bis wir den deutschen Song spielten. Unsere Aussprache war nicht besonders gut, und kein Mensch verstand uns ... sie dachten wohl, wir singen spanisch. Aber im Ernst, die Sache machte uns viel Spaß, und wir kamen gut mit den Leuten aus und ... hatten eine tolle Zeit.«
Die Saddle City Band gibt es schon seit neun Jahren. »Damals spielten wir in kleinen Clubs, so ein-, zweimal die Woche. Unsere Popularität wuchs. Eines Tages hörte uns der Besitzer des Outlaw Clubs zu und machte uns ein Angebot, dem wir nicht widerstehen konnten. Der Outlaw ist der größte Club für Live Music in Tucson, und wir sind jetzt schon zwei Jahre hier. Wir spielen so ungefähr sechs, sieben Wochen hier, gehen dann für zwei Wochen on the road und kommen wieder. Uns gefällt es hier, aber wir träumen

natürlich auch davon, mal nach Europa zu reisen und dort aufzutreten.«
Ihr erstes Album, das vor zwei Jahren erschien, stellten die Mitglieder der Band in eigener Regie her. »Es war ein unabhängiges Projekt, was bedeutet, daß wir alles selber machten und vor allem die ganze Sache selber produzierten, finanzierten und bewarben. Wir hofften natürlich, zumindest die Produktionskosten wieder hereinzukriegen, und das haben wir zu unserer eigenen Überraschung geschafft. Na, und dann sind einige große Plattenfirmen auf uns aufmerksam geworden. Dafür machen wir das ja alles. Wir wollen den Erfolg, und wer weiß, vielleicht erscheint unsere zweite LP schon bei einer großen Firma. Wir hoffen, daß es klappt, ohne daß wir die künstlerische Freiheit opfern müssen, die wir bei unserer ersten Produktion hatten. Wir haben bereits das Material für ein zweites Album und können sofort loslegen.«
Die Signale stehen auf grün für die Saddle City Band. Das erste Album machte nämlich nicht nur die großen Plattenfirmen, sondern auch den Schauspieler und Produzenten Michael Landon (»Bonanza«, »Unsere kleine Farm«) auf die Band aufmerksam. »Michael Landon wollte für seinen neuen Film eine Band, die gerade im Kommen war«, erzählt Rick voller Stolz. »Er hörte sich unser Album an und verpflichtete uns für den Fernsehfilm ›Highway to Heaven‹, der von NBC ausgestrahlt wird. Wir spielen drei Songs in dem Film, alle stammen von unserem ersten Album, und einer davon wird vielleicht sogar die Themamelodie für eine eventuelle Serie.«
Dieser Song heißt »Trucking Into Tucson« und ist das beste Stück auf der Langspielplatte. Wie er die Idee zu diesem Lied bekam, erzählt Rick: »Wir sind hier in Tucson, wo wir sechs, sieben Nächte pro Woche arbeiten. Manchmal gehen wir aber auch on the road, und eine dieser Touren verschlug uns nach Yuma. Ihr wißt vielleicht nicht, wo Yuma liegt. Yuma gehört zu diesen Orten, über die man gerne liest, wo man aber niemals hin will, besonders nicht im Sommer. Yuma liegt in der Wüste und gehört im Sommer zu den heißesten Orten der USA. Wir waren dort und spielten in einem Club, hatten auch großen Erfolg und bekamen viel Applaus. Die Hitze aber war unerträglich, und wir waren begierig darauf, wieder nach Hause zu kommen. Nun, auf einer Fahrt scheinen die Ideen schneller zu kommen als zu Hause im Sessel. Wir sahen den Highway vor uns, zählten die Meilensteine, und ich hatte plötzlich

Im Outlaw, dem größten Live-Club in Tucson, hat die Saddle City Band immer ein Heimspiel.

die Idee zu diesem Lied. Es geht darum um die Freude, wieder nach Hause zu kommen. Der Song kommt gut bei den Leuten an.«

Bleibt der Saddle City Band nur zu wünschen, daß der Fernsehfilm endlich den langersehnten Durchbruch bringt. In Tucson sind sie bereits wer, aber sie hätten nichts dagegen, in die Fußstapfen von Alabama zu treten.

INFO

Die LP der Saddle City Band bekommen Sie in den Plattenläden von Tucson oder bei Rick Nuttall, 5345 East Fort Lowell Rd., Tucson, AZ 85712, USA.

Kenny Rogers – ein Mann macht Millionen

Erfolgreicher kann man nicht sein

Vor dem Beverly Hilton Hotel in Los Angeles stand eine Luxuskarosse neben der anderen. Rolls-Royce, Mercedes, Porsche ... die gesamte Auto-Elite war vertreten. Kein Wunder, die israelische Regierung hatte zu einem Empfang für Kenny Rogers geladen, der einer Universität in Tel Aviv einen Millionenbetrag gespendet hatte und dafür eine archäologisch wertvolle Vase erhalten sollte. Das Prunkstück stand mehrfach abgesichert auf einem Sockel, aber kaum einer der vielen Journalisten hatte ein Auge für die Vase – die Fotoapparate richteten sich auf die hochkarätigen Stars aus Film und Fernsehen, die zu diesem Empfang gleich im Dutzend anmarschierten. Lorne Greene, der Ben Cartwright aus »Bonanza«, Lionel Ritchie, der farbige Soul-Star, Audrey Landers und ihre Schwester aus »Dallas«, die Hauptdarsteller der in den USA ähnlich erfolgreichen Serie »Falcon Crest«, und viele andere. Und natürlich Kenny Rogers, der von mehreren Leibwächtern und Managern abgeschirmt den Raum betrat und sich sofort einem Blitzlichtgewitter gegenübersah. In dieser Situation an ein Interview zu denken, war reichlich vermessen von mir, aber nach schweißtreibendem Geschiebe gelang es mir dann doch, an den Superstar heranzukommen und einige Fragen zu stellen.

Kenny Rogers stammt aus Houston, Texas, und studierte an der University of Texas Kunst und Geschichte. In seiner Freizeit machte er Musik. Er arbeitete mit mehreren Folk-Gruppen und den berühmten New Christy Minstrels zusammen. 1967 verließ er mit drei anderen Mitgliedern die Minstrels und gründete die Pop-Gruppe First Edition. Mit ihrer Mischung aus rhythmischen Folk- und Rockklängen hatten sie großen Erfolg. »Reuben James«, »Something's Burning« und »Ruby Don't Take Your Love to Town« gehören noch heute zum Repertoire von Kenny Rogers. In den frühen siebziger Jahren ging die Gruppe auseinander, und Kenny

Kenny Rogers, einer der reichsten Sänger der Welt.

machte solo weiter. 1977 wandte er sich der Country Music zu, und sein »Lucille« wurde zu einem der erfolgreichsten Country-Hits des Jahrzehnts. »›Lucille‹ war einer von vierzig Songs, die mir damals angeboten wurden«, erzählte mir Kenny, »zum Glück haben wir ihn ausgewählt.« Es folgten weitere erfolgreiche Country-Songs wie »The Gambler« und »Coward of the County« und einige Duette mit Dottie West, bevor Kenny der Country Music den Rükken kehrte und zum Pop abwanderte. Seine Hits wie das von den Bee Gees komponierte »Eyes That See In the Dark« tauchen zwar immer noch in den Country Charts auf, haben mit dieser Musik aber eigentlich nichts mehr zu tun. Nicht einmal das mit Dolly Parton im Duett vorgetragene »Islands in the Stream«.
Warum hat Kenny Rogers so oft das Fach gewechselt?
»Ich habe viele Jahre lang Jazz gemacht und dann mit der First Edition Pop und Rock gemacht. Ich hatte andere Einflüsse, nicht nur Country. Außerdem will ich nicht immer dasselbe machen. Es muß sich was verändern.«

Als Herausforderung betrachtete er auch seine filmische Arbeit. Als Hollywood sich entschloß, seinen Song »The Gambler« für das Fernsehen zu verfilmen, kam natürlich nur er als Hauptdarsteller in Frage, und die Kritik bescheinigte ihm einhellig eine solide Leistung. Dasselbe galt für seine Leistung in einer zweiten Song-Verfilmung (»Coward of the County«) und den zweiten Teil von »The Gambler«. In seinem bisher einzigen Kinofilm »Sixpack« wurde die Titelmelodie zwar von Kenny Rogers gesungen, in dem Streifen selbst aber beschränkte er sich auf die Schauspielerei. »In dem Film stellte ich einen Rennfahrer dar. Es ergab also nicht viel Sinn, in dem Streifen zu singen. Aber es hat viel Spaß gemacht.« Warum alle diese Filme bei uns bisher nicht zu sehen waren, bleibt das Geheimnis der Film- und Fernsehgewaltigen.
Kenny Rogers, einer der reichsten Stars der Welt und ein kluger und gewitzter Geschäftsmann dazu. Es macht ihm Spaß, mit Luxusvillen zu handeln und ganze Parks aufzukaufen. »Das ist wahr, ich bin gerne Geschäftsmann. Am liebsten handele ich mit Pferden und Vieh. Das macht am meisten Spaß.«
Sagte es und verschwand in einem erneuten Blitzlichtgewitter hinter dem rettenden Vorhang.

Johnny Rodriguez – von den Slums auf die Bühne

Der ehemalige Sträfling wurde zum Frauenheld

Softies sind angesagt, auch in der Country Music. Keine rauhen John-Wayne-Typen mehr, sondern junge und sensible Männer in Jeans und T-Shirt, die man so richtig liebhaben kann und deren Lieder ans Herz gehen. Johnny Rodriguez ist so ein Typ. Manche nennen ihn einen Schnulzensänger, und die meisten seiner Songs sind zumindest hart an der Grenze, aber die weiblichen Country-Fans achten nur auf sein Aussehen und seine einfühlsame Stimme. Da steht noch ein Typ auf der Bühne, der Sinn für Romantik hat, so einer bringt noch rote Rosen und schaut einen mit seinen dunklen Augen an und sagt ich liebe dich. Ein Frauenheld, aber einer, der auch treu sein kann und nur Augen für das Mädchen hat, das er liebt. Der mit der Gitarre unterm Fenster steht und Liebeslieder singt.

John Raul Davis Rodriguez gibt zu, vorwiegend weibliche Fans zu haben, erinnert sich aber auch an seine schwere Jugend in den Slums der texanischen Stadt Sabinal. »Die Gegend, in der wir wohnten, war okay, aber es ging halt allen ziemlich dreckig, es war so' n bißchen wie in ›West Side Story‹. Wir gehörten alle irgendwelchen Straßenbanden an, anders ging das gar nicht. Na ja, und irgendwann landete ich dann auch im Knast. Ich hatte eine Ziege gestohlen. Ausgerechnet ein Texas Ranger half mir dann wieder auf den rechten Weg. Er hieß Joaquin Jackson und besorgte mir einen Job im Alamo-Village-Vergnügungspark. Dort haben sie den Film ›The Alamo‹ mit John Wayne gedreht, und das ganze ist jetzt eine Touristenattraktion. Ich fuhr die Postkutsche und machte all so 'n Kram. Dann kam Tom T. Hall. Er hörte mich singen, und wir wurden Freunde. Ich spielte anderthalb Monate in seiner Band, dann brachte er mich zu Mercury Records und stellte mich den Leuten dort vor. Ich bekam einen Plattenvertrag, und gleich die er-

Johnny Rodriguez . . . zumindest bei den weiblichen Fans hat er sich einen festen Platz erobert.

ste Single wurde ein Hit. Dann kamen zehn weitere Nummer-1-Hits und mehrere Top-Ten-Platten.«
Johnny Rodriguez hat es geschafft, auch wenn er vor ein paar Jahren noch einmal abtauchte und erst vor wenigen Monaten ein erneutes Comeback feierte. Seine schwülstigen Liebeslieder im romantischen Tex-Mex-Sound gehen den Fans unter die Haut, und zumindest die weiblichen Fans nehmen ihm ab, was er singt. Er füllt die Lücke, die Marty Robbins nach seinem Tod hinterlassen hat, und nachdem Freddy Fender in der Versenkung verschwunden ist, hält er als einziger die Fahne der mexikanisch angehauchten Tex-Mex-Music hoch. Musik von der Grenze zwischen Texas und Mexiko, ein Sound, der zu Country gehört wie Cajun- und Outlaw-Music.

Hoyt Axton – ein ganzer Kerl

Der Autor zahlreicher Welthits blieb mit beiden Beinen auf der Erde

Der Kerl schnauft die Treppe hoch, läßt sich vor den Garderoben in einen Sessel fallen und schmunzelt. »Another day, another fifty grand«, sagt er. Was soviel heißt wie: »Schon wieder fünfzigtausend Dollar verdient!«
Soviel wird's nicht gewesen sein, aber so wie sich der Kerl freut, hätte er's auch umsonst getan. Gesungen nämlich. Mit vollem Einsatz. Eigene Texte, eigene Kompositionen. Einige Welthits, ein paar unbekannte Songs, aber immer gute Lieder. Manche nachdenklich, einige ausgesprochen intellektuell, andere voller Protest und die meisten einfach nur fröhlich. Der Kerl hat sie so locker vom Hocker gesungen, brachte soviel von seiner eigenen Persönlichkeit über die Bühne, daß man sich in seinem Wohnzimmer glaubte. Das Beste, was man von einem Entertainer sagen kann.
Die Rede ist von Hoyt Axton, geboren am 25. März 1938 in Oklahoma und seit vielen Jahren im Geschäft. »Meine Eltern waren Lehrer«, erzählt er mir, »mein Vater unterrichtete Sport, besonders Football und Basketball, aber auch Mathematik und amerikanische Geschichte. Meine Mutter lehrte Theaterwissenschaften, Journalismus und Englisch. 1949 begann sie Lieder zu schreiben. Sieben Jahre später verfaßte sie ›Heartbreak Hotel‹, den ersten Millionenhit für Elvis Presley. Ich sah ihr und einem Freund öfter beim Schreiben zu. Später sah ich dann, wie sie die Belohnung dafür einstrich. Ich dachte: He, das sieht nach einem guten Job aus! Man hat eine Menge Spaß dabei und wird auch noch dafür bezahlt.«
Also setzte sich auch Hoyt hin und schrieb Songs. Er hörte auch dann nicht auf, als die erwartete Belohnung ausblieb und die meisten seiner Songs gar nicht gekauft wurden. Die Sache machte ihm einfach Spaß. Weitaus mehr Spaß als das College und die Marine.

Doch beide Institutionen waren nicht gerade begeistert von ihm. »Ich wurde nicht gerade rausgeschmissen«, erinnert sich Hoyt, »aber sie verlängerten meine Dienstzeit auch nicht. Ich kam halt nicht besonders gut mit ihnen aus. Spielte die ganze Zeit Poker und machte einen drauf. Ich wuchs im tiefen Süden auf und benahm mich die meiste Zeit wie ein Redneck. Aber in den letzten fünfzehn Jahren hab' ich mich um hundertachtzig Grad gedreht, habe ein soziales Bewußtsein entwickelt. Und ich glaube, daß es einfach unchristlich ist, daß die Nationen unserer Erde mehr Geld für Rüstung zur Verfügung haben als die UNICEF für 700 Millionen Kinder, die dringend Nahrung, Kleidung, Bildung und ärztliche Versorgung brauchen.« Hoyt Axton führt einen großen Teil seiner Gagen an Organisationen wie UNICEF ab.
Aber zurück zu den Jahren, als Hoyt noch den wilden Mann spielte. Das war in den späten fünfziger Jahren, als er durch die Clubs und Cafés in Kalifornien zog und dabei so manches Glas zerschlug. Aber er sang auch hervorragende Lieder, und sein Name wurde in einem Atemzug mit Bob Dylan und Arlo Guthrie genannt. Allerdings nur von seinen Fans. Für die Schallplattenfirmen war er nur einer von vielen Folksängern, welche die amerikanische Westküste damals zu Hunderten bevölkerten und den Aufbruch in eine neue Welt beschworen.
Bis zu jenem denkwürdigen Tag im Jahre 1963, als das damals sehr erfolgreiche Kingston Trio seinen Song »Greenback Dollar« aufnahm. »Ich hatte einen Freund, Ken Ramsey, er kam später bei einem Motorradunfall ums Leben. Er hatte den Song ›Free Man‹ verfaßt, eine Gunfighter-Ballade à la Marty Robbins. Er spielte mir den Song vor, und ich war davon so begeistert, daß ich eine neue Fassung schrieb. Mir gefiel die neue Version noch besser, und ich begann sie während meiner Auftritte zu singen. John Stewart hatte sich damals gerade dem Kingston Trio angeschlossen. Eines Tages kam er ins Troubadour, einen Club in Los Angeles, und hörte mich singen. Er mochte ›Greenback Dollar‹ sehr. Ich sagte ihm, daß der Song eigentlich gar nicht von mir sei. Er war trotzdem interessiert. Ich sprach mit Ken und spielte ihm meine Fassung vor, und er mochte sie auch. Na, wir wurden dann beide als Autoren auf der Platte des Kingston Trios angegeben.«
Hoyt grinst über beide Backen. »Ist schon komisch, wie Songs manchmal auf Platte kommen. Da hilft dieser John Kaye in einem Club beim Geschirrspülen, hört mich ›The Pusher‹ singen und

dann gründet dieser Kerl eine Gruppe, die als Steppenwolf bekannt wird, und der Song wird sozusagen zu einem ihrer Markenzeichen und erklingt später sogar in dem Film ›Easy Rider‹.«
»Joy To The World«, ein anderer Millionhit des Songwriters Hoyt Axton, entstand während einer gemeinsamen Tournee mit Three Dog Night. Die Mitglieder der damals sehr erfolgreichen Rockgruppe mochten den Song, nahmen ihn auf und kamen damit auf den ersten Platz der US-Charts. ›Joy To The World‹ war mein erfolgreichster Song«, erinnert sich Hoyt Axton. »War schon toll, eine Musikerzeitschrift aufzuschlagen und zu erfahren, daß er sogar in der malayischen Hitparade ganz nach oben gekommen war.«
Dasselbe geschah mit »Never Been To Spain«, einem weiteren unkomplizierten Song, der haargenau zum Image von Three Dig Night paßte.
Zu den von der Kritik hochgelobten Songs gehörte neben »The Pusher« auch »Snowblind Friend«. »Das ist ein Anti-Kokain-Song. Ich hab' ungefähr tausend Songs geschrieben und hatte ungefähr dreißig Hits, davon waren drei Anti-Drogen-Songs: ›Snowblind Friend‹, ›The Pusher‹ und der ›No No Song‹, den Ringo Starr aufnahm. Anscheinend war ein Markt da, die Leute wollten solche Sachen hören.«
Rock, Country, Blues, Protestsongs, Schlager – der Songwriter Hoyt Axton kann nicht eingeordnet werden und will das auch nicht. »Ich schreibe nicht für bestimmte Leute«, sagt er, »ich schreibe Songs, um Songs zu schreiben. Die Künstler hören sie und nehmen sie auf. Als Kind wurde ich durch sehr unterschiedliche Musik beeinflußt, alles außer Oper und progressivem Jazz. Besonders mochte ich Chuck Berry, Bo Diddley, Woody Guthrie und Johann Sebastian Bach. Da ich mit soviel unterschiedlicher Musik konfrontiert wurde, schreibe ich auch sehr unterschiedliche Kompositionen und Texte. Aber ich bin mehr Country als alles andere«, fügt er hinzu.
Das gilt besonders für den Sänger Hoyt Axton. Seit seiner LP »Southbound« ist er ein Stammgast in den Country Charts, und die vielen Duette mit führenden Country-Ladies wie Linda Ronstadt und Tanya Tucker beweisen, daß er auch bei den Künstlern dieser Musikrichtung sehr beliebt ist. Auf der Bühne strahlt er eine Lässigkeit aus, die man nicht vortäuschen kann, und das Publikum in den USA – aber auch in Europa honoriert seine Professionalität mit frenetischem Applaus. So gesehen beim Country-Festival in

Frankfurt, als er mehr Beifall als die Superstars Johnny Cash und Tammy Wynette bekam. Zu hören auch auf seinem Doppelalbum ›Hoyt Axton Live‹, das auch in Deutschland erschien.
Hoyt Axton – Songwriter, Sänger, Schauspieler – vor allem aber ein dufter Kumpel, der mit beiden Beinen auf der Erde geblieben ist und die Sprache seiner Fans spricht. Ein ganzer Kerl eben.

Sylvia – von der Sekretärin zum Plattenstar

Ein Mädchen vom Lande auf der Leiter zum Erfolg

Auch Traumkarrieren gibt es noch im Plattengeschäft. So wie die der Sylvia Kirby Allen, die in dem Provinznest Kokomo (Indiana) aufwuchs, nach Nashville ging, um Karriere zu machen – und es auch tatsächlich schaffte. »Zuerst war ich aber mal arbeitslos«, erzählte sie mir auf einer Party ihrer Plattenfirma RCA, »ich klapperte eine Firma nach der anderen ab und fand schließlich einen Job als Sekretärin. Mein Chef war Tom Collins, der meine ersten Platten produzierte. Die Sache ließ sich also gut an. Ich lernte das Business von der Pike auf kennen, lernte von einem Mann, der zu den besten Produzenten zählt, wenn er nicht sogar der beste ist.« Der Gedanke, es nicht zu schaffen, kam Sylvia nie. Tagsüber tippte sie fleißig Geschäftsbriefe in die Maschine, und abends feilte sie an ihrer Stimme und nahm Demo-Bänder auf. Tom Collins war von ihrer Sangeskunst angetan, zögerte aber, das unbekannte und damals recht pummelige Mädchen aus dem unbekannten Amerika unter Vertrag zu nehmen.
Sylvias große Chance kam zwei Jahre, nachdem sie als Sekretärin angefangen hatte. Jackie Franc stieg bei Dave & Sugar aus, und sie bewarb sich mit vielen anderen Sängerinnen um den Job. Ihre Chancen standen nicht schlecht, schließlich hatte sie inzwischen schon Backup für Barbara Mandrell und Janie Fricke gesungen, aber sie verlor. Ihr Glück im Unglück war, daß die Offiziellen der RCA so von ihr angetan waren, daß sie die Sängerin sofort unter Vertrag nahmen. »Aus der wird mal eine ganz Große«, sagte Charlie Pride und nahm Sylvia ins Vorprogramm seiner erfolgreichen Bühnenshow.
Wie recht der dunkelhäutige Sänger behalten sollte, wurde schon nach Veröffentlichung der ersten Langspielplatte klar. Die ausgekoppelten Singles »Drifter« und »Tumbleweed« landeten in den

Top 20 und wurden zu großen Verkaufserfolgen. »Das waren damals reine Westernsongs«, berichtet Sylvia, die inzwischen auch über die Pop-Sender zu hören ist und mit »Nobody« sogar in die Pop Charts einzog. »Als ich anfing, Platten aufzunehmen, war gerade der ›Urban Cowboy‹-Film draußen, und die Songschreiber gingen nach der Mode und schrieben mehr Westernsongs. Manchmal schaffen allerdings auch die Songschreiber eine neue Mode. Als ich mit dem zweiten Album anfing, hatte sich die »Urban Cowboy«-Mode gelegt, und die Songschreiber orientierten sich wieder an anderen Themen. Wir haben uns also nicht hingesetzt und gesagt: Jetzt machen wir Crossover (Songs, die auch beim Pop-Publikum ankommen). Die Songs auf der LP waren halt die besten Lieder, die ich angeboten bekam. Besonderes Glück hatten wir mit ›Nobody‹. Das war übrigens der letzte Song, den wir für die LP aufnahmen. Wir hätten nie gedacht, daß von der Platte eine Million Stück verkauft würden.«
Sylvia hatte etwas geschafft, von dem Tausende von Mädchen in den USA nur träumen. Sie war auf gut Glück nach Nashville gefahren und hatte es innerhalb von drei Jahren zum gefeierten Star gebracht. »Das habe ich auch meinem Vater zu verdanken«, erinnert sie sich, »ihm hat es immer leid getan, daß er kein Instrument spielte, deshalb ermutigte er meinen Bruder, meine Schwester und mich, Musik zu machen. Ich nahm Klavierstunden, aber das zahlte sich nicht aus, ich kann nicht besonders gut spielen. Ich kann Noten lesen, aber nicht spielen. Aber ich sang immer schon gern. Meine Eltern arbeiteten beide in der Fabrik und waren dafür, daß ich nach der High School nach Nashville ging und eine Karriere versuchte. Sie zwangen mich aber nicht dazu.«
Heute reißen sich die besten Songschreiber von Nashville um Sylvia. Großverdiener wie Rhonda Fleming und Dennis W. Morgan, die auch der Country Queen Barbara Mandrell die Hits liefern. Besteht da nicht die Gefahr, mit Barbara in einen Topf geworfen, als Abklatsch bezeichnet zu werden?
»Nein, überhaupt nicht«, antwortet Sylvia, »ich singe ganz anders als Barbara, und Rhonda und Dennis sind sehr vielseitig. Auf meinem ›Snapshot‹-Album sind ein paar Songs, die vollkommen anders klingen als ihre sonstigen Lieder. Wenn sie mir einen neuen Song vorspielen, sage ich schon manchmal, der paßt besser zu Barbara. Sie schreiben für Barbara ganz andere Lieder als für mich, da gibt es keine Überschneidungen.«

Sylvia bei einer Fachsimpelei mit Larry von Western Union.

Und wer sucht die Lieder aus? Du? Der Produzent?
»Rhonda und Dennis schreiben für alle Künstler meines Produzenten Tom Collins Songs, aber sie konzentrieren sich auf den jeweiligen Künstler wie bei mir. Von den zehn Songs auf meinem ›Snapshot‹-Album stammen sieben von Rhonda und Dennis, aber ich höre mir auch anderes Material an, man weiß ja nie, woher die Hits kommen.«
Mit ihren sanften und poppigen Country Songs hat sich Sylvia zu einem Dauergast in den amerikanischen Hitparaden entwickelt. Sie entspricht dem weitverbreiteten Trend, moderne Country-Lieder an der Grenze zur Pop Music anzusiedeln und auf diese Weise ein größeres Publikum zu erreichen. Nach Informationen der RCA Nashville ist sie hinter den Superstars Alabama, Waylon Jennings und Dolly Parton die viertbestverkaufte Country-Interpretin des Plattengiganten, und das will bei dem riesigen Angebot der Plattenfirma eine ganze Menge heißen.

Der Mann, der Hank Williams war

Ein unbekannter Sänger in der Rolle des Superstars

In Europa ist Jim Owen (noch) ein unbeschriebenes Blatt. In den USA begeisterte er ein Millionenpublikum – als Hank Williams. In der Rolle des an Trunk- und Drogensucht gestorbenen Superstars (»I'm So Lonesome I Could Cry«) wirkte er so überzeugend, daß er auch in der ehrwürdigen Grand Ole Opry als »Hank« auftreten mußte.

»Ich wurde in Robards (Kentucky) geboren«, erzählt Jim Owen. »Der Ort hat drei- bis vierhundert Einwohner und liegt an der Grenze zwischen Kentucky und Indiana. Ich wuchs mit drei Brüdern auf, aber keiner wollte ins Showbusiness – außer mir. Ich träumte schon mit vier, fünf Jahren davon. Aber irgendwie landete ich dann bei der Psychologie. Ich war natürlich alles andere als glücklich und warf den Kram bei der erstbesten Gelegenheit hin. Dann ging ich nach Nashville, um Songwriter und Entertainer zu werden. Wäre ich clever genug gewesen, um zu wissen, daß das unmöglich war, wäre ich wohl nicht hingegangen.«

Mit seinem späteren Idol Hank Williams kam Jim schon als Achtjähriger in Verbindung. »Damals schüttelte er mir sogar die Hand«, erinnert er sich stolz. »Er war sehr nett zu mir – ich war schließlich nur ein kleiner dummer Junge, der einem großen Star guten Tag sagen wollte. Ich lief einfach zu ihm hin, schüttelte ihm die Hand und sagte, daß ich mal ein berühmter Sänger wie er werden wollte. Er lächelte mich freundlich an und zeigte sich sehr geduldig. ›Tolle Sache‹ meinte er und sang weiter. Er war sehr nett zu mir, obwohl ich ihn gestört hatte. Drei, vier Jahre später hörte ich dann von seinem Tod. Die Sache ging mir sehr nahe, da ich nach unserer Begegnung ein richtiger Fan von ihm geworden war. Ich war erst elf Jahre alt. Wenn man so jung ist, sieht man die Welt noch nicht, wie sie wirklich ist. Ich konnte einfach nicht verstehen, warum ein so berühmter Mann gestorben war. Ich dachte, es gäbe ei-

Musiker und Songschreiber aus Leidenschaft: Jim Owen, der neue Hank Williams aus Nashville.

nen Doktor, der ihn zurückholen könnte. So ein berühmter und reicher Mann konnte doch unmöglich gestorben sein! Damals hatte ich ja keine Ahnung davon, daß er gar nicht reich war. Und daß er erst nach seinem Tod so richtig berühmt werden würde. Also, ich konnte ihn nicht vergessen und begann ihn regelrecht zu studieren. Ich wollte alles über ihn und die Umstände seines Todes wissen.«

Das Ergebnis dieses jahrelangen Studiums war das Ein-Mann-Theaterstück ›Hank‹, das Jim Owen viele hundert Male aufführte. »Ich war der einzige Schauspieler auf der Bühne«, erinnert sich Jim, »in zwei Stunden erzählte ich aus dem Leben von Hank Williams und sang seine Lieder. Wir nahmen das Stück für Public Television auf – das öffentliche Fernsehen in den USA ähnelt dem europäischen Fernsehen, auch Public TV wird hauptsächlich von der Regierung beeinflußt und kontrolliert –, und ich bekam den Preis für die beste Show in diesem Programm. Das war 1976.«

Der große Erfolg von ›Hank‹ inspirierte das kommerzielle Fernsehen zu der zweistündigen Show ›Hank Williams: The Man And His Music‹, die mit einem großen Staraufwand in Nashville produziert wurde. Mit von der Partie waren Hank Williams Jr., der nicht minder erfolgreiche Sohn des legendären Sängers, Johnny Cash, Kris Kristofferson und in der Hauptrolle – natürlich – Jim Owen. »Es wurde gar kein anderer in Betracht gezogen«, berichtete Jim stolz. »Der Produzent des TV Specials hatte mich als ›Hank‹ auf der Bühne gesehen und war dadurch erst auf die Idee gekommen, den Fernsehfilm zu drehen. Zum Glück wurde das Special ein großer Erfolg.«
Obwohl Jim Owen meistens als ›Hank‹ auf der Bühne steht, will er nicht so sein wie sein großes Idol. »Ich unterscheide mich sogar grundlegend von ihm. Ich trinke nicht, ich rauche nicht, ich hab' noch nie in meinem Leben an einer Zigarette gezogen. Außerdem singe ich nicht nur Hank-Williams-Songs auf der Bühne – ich bin selbst ein guter Songschreiber. Ich habe ›Louisiana Woman, Mississippi Man‹ für Conway Twitty und Loretta Lynn geschrieben, Jim Ed Brown hatte einen Number-One-Hit mit meinem ›Southern Loving‹, und auch Jerry Reed war mit meinem ›Telephone‹ sehr erfolgreich. Ich verlasse mich also nicht nur auf Hank Williams. Aber ich versuche, meine eigenen Songs mit demselben Country Feeling wie er zu singen.« Und das mit Erfolg – meint jedenfalls Hank Williams Jr. –, und er muß es schließlich wissen.

Gary Scruggs: »Ich spiele gern in einer Band!«

Der Gitarrist und Songschreiber möchte kein Superstar sein

Gary Scruggs – mit so einem Namen ist man vorbelastet. Jeder Country-Fan weiß, daß Earl Scruggs zu den größten Künstlern der Szene zählt und mit seinem Drei-Finger-Picking das Banjospiel revolutionierte. Und man weiß ja, was man von den Söhnen berühmter Väter zu halten hat, meist sind sie nicht mal halb so gut und haben es nur ihrem Vater zu verdanken, wenn sie einen Plattenvertrag bekommen. Im Country Business ist das (meist) anders. Rosanne Cash ist längst aus den Fußstapfen ihres Vaters herausgetreten, Ronnie Robbins schickt sich gerade an, dasselbe zu tun, und auch Gary Scruggs bildet da keine Ausnahme. Seine Musik unterscheidet sich so sehr vom Picking seines Vaters, daß ein Vergleich gar nicht erst aufkommt.
Gary ist ein überzeugter Sideman, ein Künstler also, der es gar nicht darauf abgesehen hat, im Rampenlicht zu stehen, und lieber im Hintergrund die Gitarre zupft. Im Studio und auf der Bühne. Er ist stolz darauf, zu den gefragtesten Session-Musikern von Nashville zu gehören, und weiß, daß er zu einem erlauchten Kreis von ein paar Dutzend Musikern gehört, die es wirklich zu etwas gebracht haben. Hunderte von jungen Männern ziehen mit ihren Gitarren nach Nashville und versuchen in Music City, USA, Fuß zu fassen, und Hunderte verlassen jedes Jahr enttäuscht die Stadt. Wer es in der Hauptstadt der Country Music zu etwas bringt, kann stolz auf sich sein.
Seit ein paar Jahren begleitet Gary den Outlaw-Star Waylon Jennings auf seinen ausgedehnten Tourneen. »Ich mochte Waylons Musik schon immer«, erzählte er mir während der großen Waylon-Tournee im Herbst 1983. »Als er im Studio meines Vaters ein paar Songs aufnahm, ging ich hin und hörte ihm zu. Wir kamen gut miteinander aus, und er engagierte mich. Ich war natürlich Feuer und Flamme und habe die Entscheidung nie bereut. Ich spiele gern in

einer Band.« Damit aber nicht genug. Gary profilierte sich auch als Songschreiber und weiß es zu schätzen, daß Waylon einige seiner Songs aufnahm. »›No Middle Ground‹ (von der LP ›It's Only Rock 'n' Roll‹) haben Waylon und ich an einem Nachmittag geschrieben«, berichtet er. »Noch am selben Abend haben wir das Stück aufgenommen. Ich war sehr stolz.«
Natürlich hat Gary seine Musikalität dem berühmten Vater zu verdanken. »Als Kind habe ich Pa und Lester Flatt oft zugehört. Ich mochte die Musik. Als ich älter war, durfte ich bei den Plattenaufnahmen im Chor mitsingen und mit den beiden auf Tournee gehen. Wir waren ein richtiges Familienunternehmen, denn meine zwei Brüder waren auch mit dabei.« Gary ist auch heute noch zur Stelle, wenn sein nimmermüder Vater ihn ruft. So geschehen bei den Aufnahmen zu den »Earl Scruggs Revue«-Alben und bei der berühmten Session der Nitty Gritty Dirt Band, die mit einer Garde von bereits zu Lebzeiten legendären Künstlern das Dreifachalbum »Will the Circle Be Unbroken« einspielte. Dieses Mammutprojekt, eines der kühnsten in der Country-Geschichte, wurde zu einem riesigen Erfolg, und die Platte gehört heute zu den begehrtesten Sammlerobjekten.
Gary erinnert sich noch, wie es dazu kam. »Mein Vater, meine Brüder und ich hatten die Dirt Band 1971/72 in Nashville getroffen. Sie gaben ein Konzert in der Vanderbilt University, und wir waren hingegangen, um uns die Jungs anzuschauen. Wir sprachen mit den Jungs und fanden heraus, daß wir denselben Agenten hatten, also beschlossen wir, einige Konzerte zusammen zu geben. Während eines dieser Konzerte wurde die Idee geboren, gemeinsam eine Platte aufzunehmen, und man beschloß, auch andere Künstler zu der Session einzuladen. Mother Maybelle Carter, Doc Watson und viele andere Größen sagten spontan zu.« Etwas schwieriger gestaltete sich die Sache mit Roy Acuff. Der als verschlossen bekannte und allem Modernen sehr mißtrauisch gegenüberstehende Oldtime-Star hörte sich die Band erst einmal an und dachte einige Tage lang nach, bevor er zusagte. »Aber nach dem ersten Take lief alles wie von selbst«, erinnert sich Gary. »Es war wie in der guten alten Zeit der ersten Plattenaufnahmen. Wir spielten und sangen einen Song, und das Ding war beim ersten oder zweiten Mal im Kasten. Als hätten wir noch nie etwas von Mehrspurtechnik und *overdubbing* gehört. War eine tolle Atmosphäre damals, und ich glaube, ein wenig davon ist auch auf der Platte zu hören.«

Zu einem Fiasko gestalteten sich die Aufnahmen mit einem legendären Künstler der Folk-Szene. Bob Dylan, ein Verehrer des Banjo-Virtuosen Earl Scruggs, hatte sich mit der Familie zusammengetan, um ein Video mit dem Titel »Earl Scruggs, Family & Friends« einzuspielen. »Wir stellten ein paar Mikrofone im Haus eines Freundes auf, ließen Kameraleute kommen und legten los«, erzählt Gary. »Zum Eklat kam es, als einer der vielen Pressefotografen ans Fenster schlich und ein nicht verabredetes Foto von Dylan schoß. Bob ist da sehr eigen. Er explodierte, warf den Kram hin und verschwand auf Nimmerwiedersehen. Die Session wurde sofort abgebrochen.«

Heute lacht Gary Scruggs über diesen Vorfall. Wie alle Studiomusiker kennt er sich aus mit seinen Stars, und auch Waylon hat ja so seine Eigenarten. Nicht selten liegt es an Gary, allzu stürmische Fans vom Bus abzuhalten oder einem Groupie zu erklären, daß Waylon seine Frau dabeihabe. Dennoch möchte er nicht mit dem Superstar tauschen. »Wenn ich jemals eine Solokarriere starte, dann nur zusätzlich zu meiner eigentlichen Arbeit«, sagt Gary. »Ich bin Studiomusiker und spiele in einer Band, und ich tue beides furchtbar gern.«

Ricky, Earl und John – das siegreiche Trio

Drei junge Künstler setzen auf Tradition

Die Fans der traditionellen Country Music haben es nicht leicht. Was von den Country Stations gespielt wird und in den Top 40 auftaucht, hat mit Country oft gar nichts mehr zu tun. Viele Produzenten in Nashville schielen ständig nach den Hitparaden und setzen alles daran, ihre Künstler in die Pop Charts zu bringen. Und das geht ihrer Meinung nach nur durch den mit vielen Streichern und Chören angereicherten Sound, der aus einem Country Song einen Crossover-Hit macht. Ein bißchen steel guitar für die konservativen Country-Fans läßt man gerade noch angehen, aber wie man weiß, macht eine steel guitar noch keinen Country Song. Es gibt guten Country Pop, das haben T. G. Sheppard und Sylvia und viele andere Künstler bewiesen, und es ist gut, daß die Country Music jetzt ein größeres Publikum anspricht. Aber was tun die Freaks von Oldtime und Bluegrass? Müssen sie auf die Oldies-Sendungen warten, sind sie hoffnungslos hinter der Zeit, leben sie immer noch in den vierziger und fünfziger Jahren? Gibt es keine jungen Künstler, die Elemente dieser traditionellen Musik aufgreifen und in einem neuen Gewand bringen, ohne gleich in einen verwässerten Schnulzen-Sound abzugleiten?
Es gibt. Vor ungefähr drei Jahren tauchten zum erstenmal wieder Künstler in den Charts auf, die es verstanden, einen Song mit Banjo, Fiddle und steel guitar zu bringen, der nicht verstaubt und abgegriffen klang. Einer dieser Sänger heißt Ricky Skaggs. Er ist kein Frauentyp wie Johnny Rodriguez, kein Country-Rocker wie Eddie Rabbitt, kein Schnulzenbruder wie Ronnie McDowell, sondern ein grundehrlicher Musiker, der nie nach den Hitparaden und dem augenblicklichen Geschmack der Masse schielte. Er wurde von den Mitgliedern der Country Music Association zum Sänger des Jahres gewählt und wie ein verlorener Sohn gefeiert, der an den

heimischen Herd zurückkehrt. Dabei hat er ihn nie verlassen. Bevor er sich in der Hot Band von Emmylou Harris einem größeren Publikum vorstellte, spielte er mit den Country Gentlemen, einer respektablen Bluegrass Band, die vor allem in Washington, D.C. auftrat. Nach den Shows traf er sich regelmäßig mit Emmylou und anderen Country-Künstlern zu Hausmusik und Jam Sessions. Als Mitglied der Hot Band, der damals wohl besten Country-Formation, beeindruckte er auch die Massen und einige Produzenten, die in dem Sänger gewinnbringendes Kapital sahen. Die Zeit schien wieder reif zu sein für die ehrliche Musik der Berge, die natürlich mit dem modernen Sound zu einer Art neuer Traditional Music vereint werden mußte. Das meinten jedenfalls die Produzenten, und sie behielten recht. Ricky Skaggs kam beim Publikum an, und Hits wie »Highway 40 Blues« und »Honey (Open That Door)« bewiesen, daß auch traditionell angehauchte Musik ihren Markt hat.

Ins selbe Horn stieß auch Earl Thomas Conley. »Als ich klein war, hörte ich die Grand Ole Opry im Radio«, erzählte er mir auf einer RCA-Party. »In dem kleinen Ort, in dem ich aufwuchs, war das Radio so ziemlich die einzige Unterhaltung, und wir versammelten uns regelmäßig abends vor dem Kasten. Samstags kam die Opry, und ich hörte zum erstenmal Hank Williams. Seine Musik war emotionell geladen und beeinflußte mich sehr. Ich habe das Bedürfnis, mich auszudrücken, und dazu muß man seine Emotionen, Gefühle und auch den Verstand in die richtigen Kanäle leiten.« Earl Thomas Conley klingt moderner als Ricky Skaggs, wurde – wie er selbst sagt – auch durch Easy Rock und Jazz beeinflußt, aber seine Songs sind as country as you can get, und wahrscheinlich würde Hank Williams heute genauso klingen.

Der Dritte im Bunde eines Trios, das erfolgreich auf den traditionellen Sound setzt, ist John Anderson. Er kommt aus einem kleinen Ort in Florida und war schon im zarten Alter von zehn Jahren ein respektabler Gitarrist. Damals spielte er allerdings Rock 'n' Roll. In Florida waren harte Klänge angesagt, und kein Mensch hing am Samstag vor dem Radio, um der Grand Ole Opry zu lauschen. Doch der Country-Bazillus erwischte auch John Anderson. Nach der Ausbildung hatte er nichts Besseres zu tun als nach Nashville zu gehen, um dort ein Country-Star zu werden. Seine Freunde lachten ihn natürlich aus, er war ja nicht der einzige, der diese Flausen im Kopf hatte. Viele hundert oder sogar tausend junge

John Anderson gehört zu den wenigen Nachwuchskünstlern, die sich der traditionellen Musik verschrieben haben.

Ricky Skaggs

Künstler ziehen jedes Jahr nach Nashville, und alle paar Jahre schafft mal einer von ihnen den Durchbruch. John Anderson war einer dieser wenigen. Nachdem er drei Jahre lang mit seiner Schwester Donna durch die Clubs getingelt war, bekam er einen Vertrag. »Es ist schon erstaunlich«, sagte AFN-Discjockey Gene Price, »dieser Junge klingt wie Lefty Frizzell.« Ein Honkytonk Sound, wie man ihn nur aus den fünfziger Jahren kennt, nur moderner und schmissiger, der Zeit angepaßt. Ein Mann, der keine Kompromisse macht. So wie seine Freunde Ricky Skaggs und Earl Thomas Conley und vielleicht noch George Strait. Von intoleranten Modern-Country-Fans werden sie oft als reaktionär beschimpft, aber ihr Erfolg zeigt, daß ihr Publikum genauso groß ist wie das von Sylvia und Hank Williams Junior.

Marty Robbins, der Mann aus El Paso

Der legendäre Sänger liebte den Wilden Westen

Am 8. Dezember 1982 verstarb Marty Robbins, einer der bekanntesten und erfolgreichsten Country-Sänger der Welt. Marty Robbins, Mitglied der Country Music Hall of Fame und Träger zahlreicher Auszeichnungen, wurde besonders durch seine Gunfighter-Balladen und den Welthit »El Paso« bekannt. Ich traf den Künstler wenige Wochen vor seinem Tod in Nashville.

Wie kamen Sie darauf, eine professionelle Karriere als Country-Sänger anzustreben?

Weil ich zu faul zum Arbeiten war. Ich begann als Gitarrist in einer Band und sang ein Jahr später auch. Das war Routine und wesentlich leichtere Arbeit als früher in meiner Jugend. Als junger Mann mußte ich immer früh aufstehen, das mochte ich gar nicht. So um vier Uhr früh mußte ich aus den Federn – gar nicht so einfach, wenn man erst um drei ins Bett kommt. Ich arbeitete zwölf Stunden am Tag und war froh, als ich Sänger wurde. Im November 1952 nahm ich die erste Platte auf.

In vielen Liedern besingen Sie den Wilden Westen. Hatten Sie schon immer etwas für diese wilde Zeit übrig?

Ich mag den Westen, er ist amerikanische Geschichte. Die Cowboy-Songs über Billy the Kid und Jesse James gehören dazu. Ich besitze viele Bücher über den Wilden Westen und lese viel.

Ihre ersten Platten waren Liebeslieder. Wann begannen Sie, Cowboylieder aufzunehmen?

Zu Beginn meiner Karriere nahm ich nur wenige Western-Balladen auf, zum Beispiel das Themalied zu dem Gary-Cooper-Film ›The Hanging Tree‹, aber so richtig stieg ich erst 1959 ein. Die meisten dieser Cowboy-Songs klingen wie Traditionals, aber in Wirklichkeit habe ich sie geschrieben. Weil ich den amerikanischen Westen liebe. Es ist gar nicht so leicht, Gunfighter-Balladen zu schreiben.

Wurden Sie durch die Geschichten Ihres Großvaters inspiriert, der ja den Wilden Westen noch erlebt hatte?

Ich mochte die Stories, wurde aber nicht durch sie zum Schreiben angeregt. Ich war damals erst sechs Jahre alt. Meine Songs haben nichts mit diesen Geschichten zu tun.

Haben Sie jemals daran gedacht, ein Buch zu schreiben?

Ich habe eins geschrieben, es heißt ›Small Man‹ und handelt von einem sehr kleinen Texas Ranger. Ich habe auch ein Lied über diesen mutigen Mann geschrieben.

Was bedeutet es für Sie, Mitglied der Grand Ole Opry zu werden?

Nicht besonders viel, um ganz ehrlich zu sein. Wir wohnten damals in Arizona und kannten die Grand Ole Opry gar nicht. Heute kann man sie ja im Fernsehen empfangen, aber im Radio bekam man sie damals nicht rein. Wir wohnten in einem Tal, 1800 Meilen von der Opry entfernt.

Wann gingen Sie nach Nashville?

Nachdem ich den Song »I'll Go On Alone« geschrieben hatte. Es war mein dritter Song, und er kam gleich in die Top Ten.

Marty Robbins

Die Leute vom Musikverlag baten mich, nach Nashville zu kommen, um für sie zu schreiben und der Opry beizutreten. Ich tat beides.

Und dann kam »El Paso«, Ihr größter Erfolg ...

Ich schrieb dieses Lied wohl 1957. Den Verantwortlichen der Plattenfirma war es zu lang, aber ich konnte sie dazu überreden, es auf eine Langspielplatte mit traditionellen Cowboyliedern zu nehmen. »El Paso« wurde ein Hit. Sie kamen mit dem Pressen der Platten kaum nach.

Sie haben »El Paso« selbst geschrieben. Wie kamen Sie auf die Idee zu diesem Song?

Als ich durch El Paso fuhr. Der Name der Stadt gefiel mir sehr. Er paßte zu einem Lied mit mexikanischem Einschlag, und das schrieb ich dann.

Sie haben noch weitere Lieder über El Paso geschrieben ...

Ja, »El Paso City« und »The Mystery of El Paso«, das ich aber noch nicht veröffentlicht habe. Es handelt von einem Menschen, der über Reinkarnation nachdenkt. Ich bekomme zum Beispiel häufig Briefe, in denen mir Fans schreiben, ich sei der Cowboy aus »El Paso« und sie mein Onkel, Schwester oder Bruder. Es fällt mir schwer, an so etwas zu glauben, man muß es wohl erst erlebt haben.

Marty Robbins wird weiterleben – in den vielen Liedern, die er uns hinterlassen hat.

Anhang

Country-Music im deutschen Radio

»Im NDR läuft Tanzmusik, und AFN ist weit ...« sangen Truck Stop schon vor einigen Jahren, und daran hat sich nicht viel geändert. So richtig auf seine Kosten kommt der Country-Fan in unseren Breiten nur beim amerikanischen Soldatensender. AFN sendet täglich zwei Stunden und am Samstag sogar vier Stunden Country-Music. Da könnten sich die deutschen Sender eine Scheibe abschneiden, aber immerhin haben der Bayerische Rundfunk und der Südwestfunk schon erkannt, daß die Country-Music nicht nur aus Banjo- und Fiddle-Klängen besteht und zu einem wichtigen Bestandteil der internationalen Musikszene geworden ist. Fehlanzeige dagegen immer noch beim Südfunk in Stuttgart und beim mächtigen WDR. Außer ein paar Country-Titeln im laufenden Programm ist bei diesen Sendern nicht viel drin. Beim Hessischen Rundfunk und beim NDR läuft wenigstens alle vierzehn Tage ein Stündlein Country-Music. Ob sich da mal was ändert? Es müssen ja nicht gleich amerikanische Verhältnisse sein, wo man in jeder größeren Stadt vierundzwanzig Stunden Country nonstop hören kann, aber ein bisserl mehr dürfte schon sein. Ein Privatsender wie Radio Brenner hat immerhin erkannt, daß viele Hörer auf Country stehen und diese Musik nicht nur eine Minderheit anspricht. Da hilft nur eins: die Sender mit Briefen bombardieren und mehr Country-Music verlangen. Irgendwann wird man auch in den obersten Etagen der Rundfunkhäuser erkennen, daß die Welt nicht nur aus Pop und Rock besteht. Sie können Country-Music hören im:

AFN (American Forces Network)
mit Sendern in Berlin, Bremerhaven, Frankfurt, Kaiserslautern, Nürnberg, München und Stuttgart

Montag bis Freitag jeweils von 12.10 bis 13.00 Uhr: »Country Style« mit Top-40-Titeln und vereinzelten Oldies.
Montag bis Freitag jeweils von 19.05 bis 20.00 Uhr: »Country World« mit Gene Price. Top 40, am Freitag Oldies.

Jeden Samstag von 13.00 bis 16.00 Uhr: »Country Countdown« mit Bob Kingsley

Bayerischer Rundfunk Bayern 3

Jeden Samstag von 16.05 bis 16.53 Uhr: »Country Club« mit Thomas Jeier. Am ersten Samstag des Monats die Top 20, am zweiten aktuelle Hits aus Nashville, am dritten Oldies und am vierten Samstag das Country-Music-Wunschkonzert. Viele Specials und Interviews, an Weihnachten und anderen Feiertagen Sondersendungen. Dank der vielen Amerika-Reisen des Moderators die aktuellste Country-Sendung in Deutschland.

Hessischer Rundfunk HR 3

Jeden zweiten Sonntag von 20.05 bis 21.00 Uhr: »Country Top Time« mit Bernd Schröder. Modern Country und Oldies, viele Hörerwünsche. Gelegentliche Specials und Interviews. Bernd Schröder, auch als Filmemacher für »XY-Zimmermann« aktiv, bestreitet eine ganze Reihe von Sendungen im Hessischen Rundfunk und konnte durch seine Moderation der großen deutschen Country-Festivals auch in anderen Bundesländern viele Fans gewinnen. Die Country-Freaks in Hessen haben es am besten, da sie auch Bayern 3 und den AFN empfangen können.

Norddeutscher Rundfunk NDR 2

Jeden Freitag von 22.05 bis 23.00 Uhr: »Country & Western Music« mit Wolf-Rüdiger Sommer. Ausschließlich Oldies aus der Anfangszeit der Country-Music.

Rias

Jeden Donnerstag von 19.00 bis 20.00 Uhr: »Rias Country« mit Barry Graves. Modern Country und Oldies, sozialkritische Beiträge.

Sender Freies Berlin SFB 2

Jeden Sonntag von 22.20 bis 23.00 Uhr: »SFB Country Club«. Moderne Country-Music und Oldies.

Bernd Schröder, vielbeschäftigter Fernsehjournalist und Country DJ, bei einer wohlverdienten Kaffeepause.

Südwestfunk SWF 3

Jeden Donnerstag von 18.05 bis 19.00 Uhr: »Country Music Hall« mit Walter Fuchs. Moderne Country-Music und Oldies, viele Specials über Nashville, American Radio und andere Themen. Walter Fuchs ist der dienstälteste und erfahrenste Country DJ in deutschen Landen. Weitere Beiträge und Sendungen im Rahmen der »Funkboutique«, des »Radio Kiosk«, des »Radio Club« und von »SWF 3 Spezial«.
Auch in der Luft brauchen die deutschen Country-Fans nicht auf Country-Music zu verzichten. Walter Fuchs und Thomas Jeier gestalten und moderieren abwechselnd den »Lufthansa Country-Club« für das Bordprogramm auf allen Boeing 747- und DC-10-Flügen von Lufthansa und Condor.

Country-Music im Kino

Der erste Film mit Country-Music kam bereits in den späten zwanziger Jahren heraus. In dem zehnminütigen Streifen »The Singing Brakeman« singt Jimmie Rodgers drei Lieder. Es folgten die Musikwestern der dreißiger und vierziger Jahre und einige dumme Musikfilmchen in den fünfziger Jahren. Mit dem Aufkommen der Trucker-Welle in den siebziger Jahren und der zunehmenden Kommerzialisierung der Country Musik kehrten diese Musik und ihre Themen wieder in den Film zurück. Aus dem Trucker-Song »Convoy« wurde der gleichnamige Film mit Kris Kristofferson; in den »Smokey and the Bandit«-Filmen (»Ein ausgekochtes Schlitz-

Jane Fonda und Robert Redford in einer Szene des Films »The Electric Horseman« (»Der elektrische Reiter«).

»He, Schneemann, wo steckst du?« Burt Reynolds in dem Film »Smokey and the Bandit« (»Ein ausgekochtes Schlitzohr«).

ohr«) führen Burt Reynolds und Jerry Reed einen dämlichen Sheriff an der Nase herum; in »The Electric Horseman« (»Der elektrische Reiter«) hilft Willie Nelson einem heruntergekommenen Rodeo-Star (Robert Redford) und einer engagierten Journalistin (Jane Fonda) und zupft dazu an seiner Gitarre; in den »Cannonball Run«-Filmen (»Auf dem Highway ist die Hölle los«) spielen Burt Reynolds und andere Stars sich selbst; und in »Honeysuckle Rose« erzählt Willie Nelson vom harten und süßen Leben on the road. Zum bahnbrechenden Film der Contry-Welle wurde allerdings »Urban Cowboy«, die Geschichte eines Stadtcowboys (John Travolta), der seine freien Abende in »Gilley's« verbringt und eine Menge Kummer mit den Cowgirls hat. Der Streifen wurde zum Kultfilm und ließ das Interesse an der Country-Music sprunghaft ansteigen. Dolly Parton ging mit Jane Fonda und Burt Reynolds ins Studio und machte in »Rhinestone« gar einen Sylvester Stallone zum Country-Star, während sich Hoyt Axton in einem artfremden Streifen wie

Eine Szene aus »Urban Cowboy«.

dem Gruselfilm »Gremlins« tummelte. Nicht erwähnt werden sollen die zahlreichen Trucker- und Country-Filmchen, die nicht einmal in der amerikanischen Provinz den Durchbruch schafften, unbedingt erwähnt werden müssen aber die beiden Filme, die von Kritik und Publikum mit Lob überschüttet wurden und von Hollywood sogar mit den begehrten Oscars ausgezeichnet wurden: »Coalminer's Daughter« (»Nashville Lady«) und »Tender Mercies«. »Coalminer's Daughter« wurde nach der Autobiografie von Loretta Lynn gedreht und zeigt in eindrucksvollen Bildern den Aufstieg eines Country-Stars. Sissy Spaceck brillierte in der Rolle der Loretta Lynn und sang sogar deren Lieder – und das so gut, daß sie inzwischen eigene Langspielplatten produziert. »Tender Mercies«, ein stiller und sehr einfühlsamer Film, erzählt die Geschichte eines texanischen Country-Stars, der sich in eine Motel-Besitzerin verliebt. Eine einfache Geschichte, die in ungewöhnlich stimmungsvollen Bildern gezeigt wird und für Robert Duvall eine Glanzrolle abgibt. Unverständlicherweise lief der Film (trotz Oscars) bis heute in keinem deutschen Kino.

Country-Clubs in Deutschland

Der deutsche Country-Fan hat es schwer. Da geizen schon die Rundfunksender mit der geliebten Musik, und auch die Country-Clubs sind dünn gesät. Wer im süddeutschen Raum wohnt, kann sich wenigstens in die Clubs der amerikanischen Streitkräfte einschleichen, wo regelmäßig Auftritte bekannter und unbekannter Country-Künstler stattfinden. Eine Übersicht dieser Konzerte bringt die Zeitschrift »Country Corner«, die man allerdings nur im Abonnement beziehen kann. Die meisten amerikanischen Clubs freuen sich über deutsche Gäste, man muß allerdings seinen Ausweis mitbringen und sollte sich auch ein paar Dollar einstecken. Von deutschen Gastronomen geführte Country-Clubs sind Mangelware, weil das Interesse an der Country-Music (im Vergleich zu Rock und Disco) einfach zu gering ist, und man mit neonbeleuchteten New-Wave-Pilskneipen mehr Geld verdienen kann. Deshalb wollen Wilfried Janis und Rainhard Skrabal ihren Münchner »Country Keller« auch in »Dallas« umbenennen. Nach dem Muster der gleichnamigen amerikanischen Country-Disco soll im neuen »Dallas« auch softe Rock-Music gespielt werden und neue Kunden anlocken. Diese Mischung hat sich auch in den Berliner Live-Clubs »Eierschale« und »Sudhaus« bewährt, wo Western Union den wöchentlichen Country-Abend bestreiten. Lupenreine Country-Clubs gibt es eigentlich nur in München, Nürnberg und vor allem in Stuttgart, wo der »Longhorn Club« dem texanischen »Gilley's« nacheifert und gar nicht schlecht dabei fährt.
Die besten deutschen Country-Clubs:

Blockhütte
Große Freiheit 64, 2000 Hamburg 51 (Tel. 040 / 31 08 01)

Rustikaler Club im Herzen von St. Pauli. Honkytonk-Atmosphäre mit viel Live-Music, nicht ausschließlich Country. Meistens überfüllt. Geöffnet täglich, außer montags, von 21 bis 4 Uhr.

Country-Keller
Leopoldstraße 29, 8000 München 40 (Tel. 0 89 / 39 13 60)

Country-Pilskneipe im Herzen von Schwabing. Country-Music von Platte und Band, donnerstags auch Live-Music. Soll bald in »Dallas« umbenannt werden, dann auch Soft-Rock-Music. Gemütliche Atmosphäre. Pils vom Faß und Country-Snacks. Geöffnet täglich von 20 bis 1 Uhr.

Longhorn Country & Western Club
Heiligenwiesen 6, 7000 Stuttgart-Wangen (Industriegebiet) (Tel. 07 11 / 42 68 38)

Das deutsche »Gilley's« ist in einer ehemaligen Lagerhalle beheimatet. Riesige Ausmaße, riesige Tanzfläche, riesige Bars. Honkytonk-Atmosphäre, der amerikanischste aller deutschen Clubs. Viele Amerikaner vom nahegelegenen Stützpunkt. Live-Music mit deutschen und amerikanischen Gruppen, gelegentlich Specials wie »Wet T-Shirt Contests«, »Mud-Fights« und »Barbecues«. Pool-Halle und Video-Games. Steaks und Hamburger zu zivilen Preisen. Die beste deutsche Country-Kneipe. Geöffnet täglich, außer montags und dienstags, von 19 bis 2 Uhr.

Nashville Country Club
Breitenbachplatz 8, 1000 Berlin 33 (Tel. 0 30 / 8 24 41 44)

Gemütlicher Country-Club mit viel Atmosphäre und guter Musik, Montag bis Mittwoch: Diskothek, Donnerstag bis Sonntag: Live-Music mit Western Union und anderen Gruppen. Viele Specials und Quizabende. Country-Store (da kann man Klamotten kaufen) Snackbar und Plattenbörse. Geöffnet täglich von 20 Uhr bis zum frühen Morgen.

Nashville Rodeo Saloon
Kaiserleistraße 44, 6050 Offenbach (Tel. 0 69 / 88 69 09)

Von einer amerikanischen Zeitung als vorbildlicher deutscher Country-Club geehrt. Sehr gemütlicher Club mit viel Atmosphäre. Mechanischer Bulle. Am Wochenende Live-Music, gelegentliche Star-Auftritte auch unter der Woche. Pils vom Faß, Steaks vom Holzkohlengrill. Geöffnet täglich von 17 bis 2 Uhr, am Wochenende bis 3 Uhr.

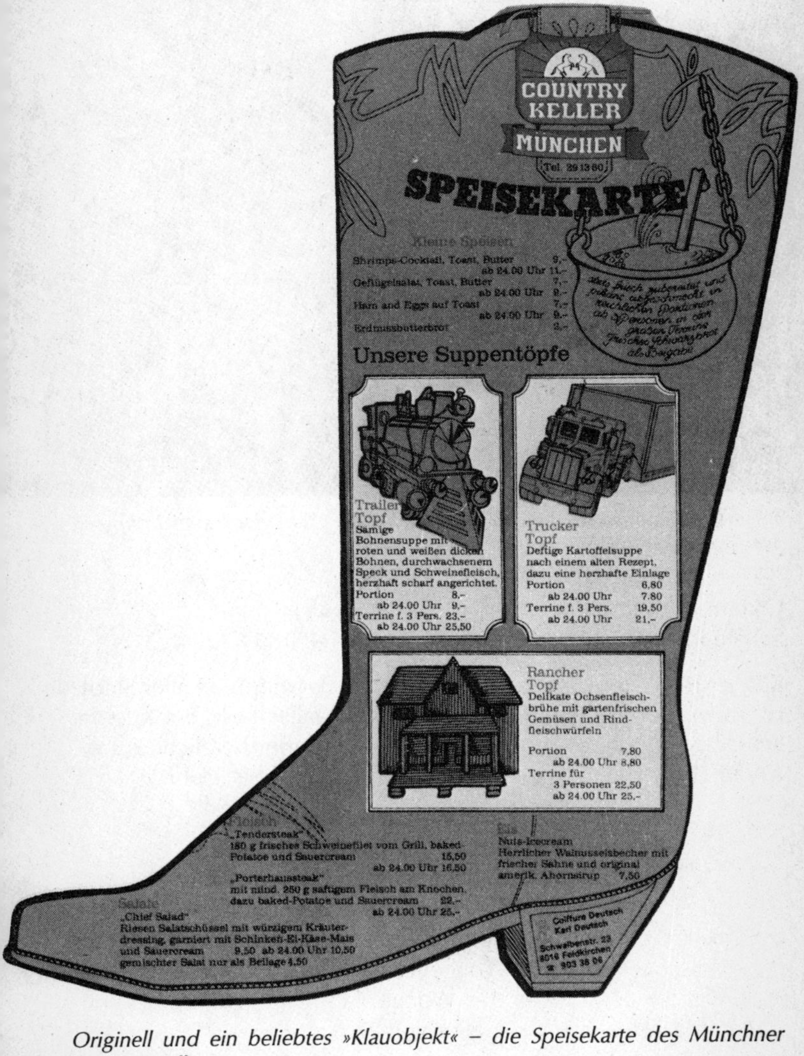

Originell und ein beliebtes »Klauobjekt« – die Speisekarte des Münchner Country-Kellers.

Oklahoma liegt in München – der gleichnamige Club wurde zum Treffpunkt aller Stadtcowboys.

Oklahoma
Schäftlarnstraße 156, 8000 München 70 (Tel. 0 89 / 7 23 43 27)

Kleiner Honkytonk im Stadtteil Thalkirchen. Treffpunkt aller Stadtcowboys, ab und an steht auch mal ein Wallach vor der Kneipe. Schlechte Luft, aber gute Musik und rauhe, aber herzliche Atmosphäre. Fast täglich Live-Music. Geöffnet täglich bis 1 Uhr.

Country-Clubs in den USA

Country-Clubs gibt es in jeder amerikanischen Stadt. Man findet sie im Branchenbuch unter der Rubrik »Night Clubs«, oder man erfragt die Adressen bei der örtlichen Country-Station, die unter »Radio Stations« geführt wird. Eine Aufzählung aller amerikanischen Country-Clubs würde ein ganzes Buch in Anspruch nehmen, deshalb soll hier nur auf ein paar Highlights hingewiesen werden. Die größten und besten Country-Clubs findet man nicht in Nashville, sondern in Texas. »Billy Bob's Texas« in Fort Worth und »Gilley's« in Pasadena bei Houston sind die größten und eindrucksvollsten. Unter der Woche kommt die Musik von örtlichen

In Billy Bob's Texas ist ständig was los. Die Anzeigetafel liest sich wie ein »Who's Who« der Country-Stars.

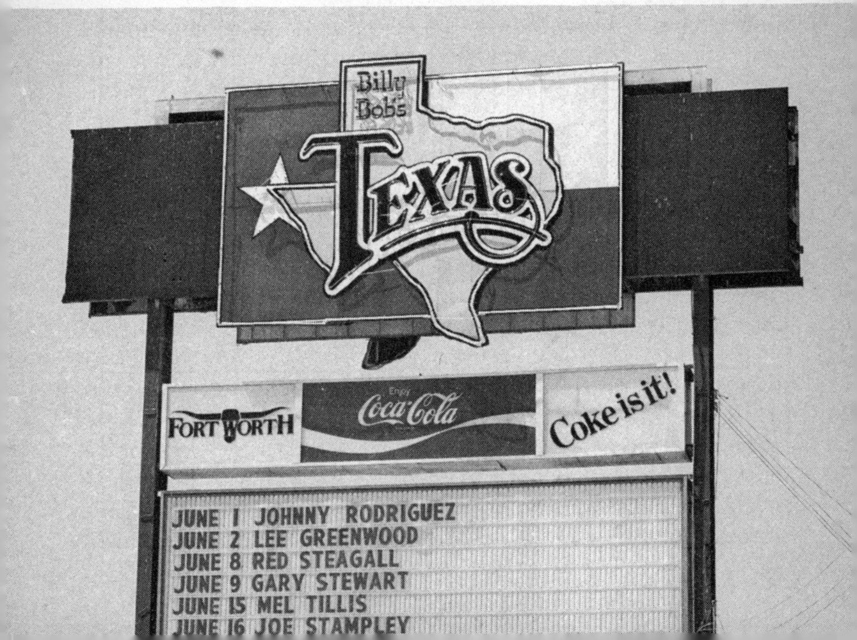

BILLY BOB'S TEXAS OCTOBER, 1982

SUNDAY	MONDAY	TUESDAY	WEDNESDAY	THURSDAY	FRIDAY	SATURDAY
					1 Kendalls Ray Wylie Hubbard	2 **Conway Twitty** Randy Barlow
3 Spirit Of The West	4 Jerry Max Lane	5 Grass Roots Doc Leigh	6 Silver City Catch A Rising Star	7 Don Edwards	8 **Jerry Jeff Walker** Steve Wariner John Kelly	9 **Tammy Wynette** Younger Bros. Slaughter Art Show In Texas Club
10 Tennessee Hat Band	11 Jerry Max Lane	12 Spirit Of The West	13 Trinity Rose Catch A Rising Star	14 Don Edwards The Shoppe	15 Earl Thomas Connelly David Wills	16 **Charley Pride** Jim Ed Brown
17 Spirit Of The West	18 Jerry Max Lane	19 Doc Leigh	20 Catch A Rising Star	21 Don Edwards	22 **Jerry Lee Lewis** Cedar Creek	23 Tom T. Hall Gary Morris
24 Ronnie Tilson 31 **Alice Cooper**	25 Jerry Max Lane	26 Jerry Nail	27 Catch A Rising Star	28 Sunny & Sunliners Fernando Valenzuelas	29 **Rita Coolidge**	30 **Roy Clark** John Anderson

Souvenirs, Souvenirs . . . das Billy-Bob's-Emblem klebt auf T-Shirts, Unterhemden, Biergläsern, Anstecknadeln, Aufklebern, und, und, und . . .

Bands und von der Diskothek, und am Wochenende treten regelmäßig bekannte Sänder und Gruppen auf. Die Eintrittspreise für solche Konzerte liegen zwischen acht und fünfzehn Dollar. Für Stars wie Earl Thomas Conley und Reba McEntire bekommt man die Karten auch noch an der Abendkasse, für Willie, Waylon oder Alabama sollte man einige Wochen im voraus telefonisch bestellen. Andere Attraktionen in diesen Riesenclubs sind Rodeos mit lebenden Bullen (die mechanischen gibt es natürlich auch), Souvenierläden, Restaurants, Pooltische, Video-Games und mehrere Bars und eine riesige Tanzfläche. (Weitere Informationen über diese beiden Clubs in dem Knaur-Buch »Abenteuerreisen in Texas« von Thomas Jeier und Hans-Georg Fischer.) Wer die Freundin oder Frau nach Texas mitnimmt, geht am besten ins »Dallas«, eine moderne Country-Disco mit Outlets in El Paso, San Antonio, Austin und Corpus Christi. Dort werden auch mal Rock-Platten aufgelegt, und man muß nicht unbedingt den Two-Step können. Attraktion:

Der DJ in der Dallas-Country-Disco von El Paso hat gut lachen – der Laden ist fast immer gerammelt voll.

die als »Rennbahn« angelegte Tanzfläche, auf der man sich nur selten im Weg steht. Die Musik kommt ausschließlich von der Diskothek, und das Bier ist preiswert. Vor allem in kleinen Städten gibt es die bekannten Honkytonks mit Sägespänen auf dem Fußboden und der obligatorischen Schlägerei.

So ein Ritt auf einem mechanischen Bullen kann verdammt gefährlich sein – das behaupten sogar erfahrene Cowboys.

RIDE THE
BULL

Country Music Association Awards

Die Vereinigung wurde im Jahre 1958 gegründet und besteht aus ungefähr zehntausend Mitgliedern, die geschäftlich mit Country Music zu tun haben. Sie fördern die Country Music im In- und Ausland und richten jedes Jahr eine Fan Fair aus, während der die Fans mit den Stars in Kontakt kommen können. Seit 1967 werden jährliche Preise für die besten Künstler und Platten vergeben. Folgende Künstler und Autoren wurden geehrt:

Kategorie 1 Entertainer des Jahres

1967 Eddy Arnold
1968 Glen Campbell
1969 Johnny Cash
1970 Merle Haggard
1971 Charley Pride
1972 Loretta Lynn
1973 Roy Clark
1974 Charlie Rich
1975 John Denver
1976 Mel Tillis
1977 Ronnie Milsap
1978 Dolly Parton
1979 Willie Nelson
1980 Barbara Mandrell
1981 Barbara Mandrell
1982 Alabama
1983 Alabama

Kategorie 2 Single des Jahres

1967 There Goes My Everything – Jack Greene – Decca
1968 Harper Valley PTA – Jeannie C. Riley – Plantation
1969 A Boy Named Sue – Johnny Cash – Columbia
1970 Okie From Muskogee – Merle Haggard – Capitol
1971 Help Me Make It Through The Night – Sammi Smith – Mega
1972 The Happiest Girl In The Whole U. S. A. – Donna Fargo – Dot
1973 Behind Closed Doors – Charlie Rich – Epic

1974 Country Bumpkin – Cal Smith – MCA
1975 Before The Next Teardrop Falls – Freddy Fender – ABC/Dot
1976 Good Hearted Woman – Waylon Jennings/Willie Nelson – RCA
1977 Lucille – Kenny Rogers – UA
1978 Heaven's Just A Sin Away – The Kendalls – Ovation
1979 The Devil Went Down To Georgia – Charlie Daniels Band – Epic
1980 He Stopped Loving Her Today – George Jones – Epic
1981 Elvira – Oak Ridge Boys – MCA
1982 Always On My Mind – Willie Nelson – Columbia
1983 Swingin' – John Anderson – Warner

Kategorie 3 Album des Jahres

1967 There Goes My Everything – Jack Greene – Decca
1968 Johnny Cash At Folsom Prison – Johnny Cash – Columbia
1969 Johnny Cash At San Quentin – Johnny Cash – Columbia
1970 Okie From Muskogee – Merle Haggard – Capitol
1971 I Won't Mention It Again – Ray Price – Columbia
1972 Let Me Tell You About a Song – Merle Haggard – Capitol
1973 Behind Closed Doors – Charlie Rich – Epic
1974 A Very Special Love Song – Charlie Rich – Epic
1975 A Legend In My Time – Ronnie Milsap – RCA
1976 Wanted-The Outlaws – Waylon, Willie, Tompall, Jessi – RCA
1977 Ronnie Milsap Live – Ronnie Milsap – RCA
1978 It Was Almost Like A Song – Ronnie Milsap – RCA
1979 The Gambler – Kenny Rogers – UA
1980 Coal Miner's Daughter – Original Motion Picture Soundtrack – MCA
1981 I Believe In You – Don Williams – MCA
1982 Always On My Mind – Willie Nelson – Columbia
1983 The Closer You Get – Alabama – RCA

Kategorie 4 Song des Jahres

1967 There Goes My Everything – Dallas Frazier
1968 Honey – Bobby Russell
1969 Carroll Country Accident – Bob Ferguson
1970 Sunday Morning Coming Down – Kris Kristofferson
1971 Easy Loving – Freddie Hart
1972 Easy Loving – Freddie Hart
1973 Behind Closed Doors – Kenny O'Dell
1974 Country Bumpkin – Don Wayne
1975 Back Home Again – John Denver
1976 Rhinestone Cowboy – Larry Weiss
1977 Lucille – Roger Bowling und Hal Bynum
1978 Don't It Make My Brown Eyes Blue – Richard Leigh
1979 The Gambler – Don Schlitz
1980 He Stopped Loving Her Today – Curly Putnam und Bobby Braddick
1981 He Stopped Loving Her Today – Curly Putnam und Bobby Braddick
1982 Always On My Mind – Wayne Thompson, Mark James und Johnny Christopher
1983 Always On My Mind – Wayne Thompson, Mark James und Johnny Christopher

Kategorie 5 Sängerin des Jahres

1967 Loretta Lynn
1968 Tammy Wynette
1969 Tammy Wynette
1970 Tammy Wynette
1971 Lynn Anderson
1972 Loretta Lynn
1973 Loretta Lynn
1974 Olivia Newton-John
1975 Dolly Parton
1976 Dolly Parton
1977 Crystal Gayle
1978 Crystal Gayle
1979 Barbara Mandrell
1980 Emmylou Harris
1981 Barbara Mandrell
1982 Janie Fricke
1983 Janie Fricke

Kategorie 6 Sänger des Jahres

1967 Jack Greene
1968 Glen Campbell
1976 Ronnie Milsap
1977 Ronnie Milsap

1969 Johnny Cash
1970 Merle Haggard
1971 Charley Pride
1972 Charley Pride
1973 Charlie Rich
1974 Ronnie Milsap
1975 Waylon Jennings
1978 Don Williams
1979 Kenny Rogers
1980 George Jones
1981 George Jones
1982 Ricky Skaggs
1983 Lee Greenwood

Kategorie 7 Vokalgruppe des Jahres

1967 The Stoneman Family
1968 Porter Wagoner and Dolly Parton
1969 Johnny Cash and June Carter
1970 The Glaser Brothers
1971 The Osborne Brothers
1972 The Statler Brothers
1973 The Statler Brothers
1974 The Statler Brothers
1975 The Statler Brothers
1976 The Statler Brothers
1977 The Statler Brothers
1978 The Oak Ridge Boys
1979 The Statler Brothers
1980 The Statler Brothers
1981 Alabama
1982 Alabama
1983 Alabama

Kategorie 8 Vokalduo des Jahres (seit 1970)

1970 Porter Wagoner und Dolly Parton
1971 Porter Wagoner und Dolly Parton
1972 Conway Twitty und Loretta Lynn
1973 Conway Twitty und Loretta Lynn
1974 Conway Twitty und Loretta Lynn
1975 Conway Twitty und Loretta Lynn
1976 Waylon Jennings und Willie Nelson
1977 Jim Ed Brown und Helen Cornelius
1978 Kenny Rogers und Dottie West
1979 Kenny Rogers und Dottie West
1980 Moe Bandy und Joe Stampley
1981 David Frizzell und Shelly West
1982 David Frizzell und Shelly West
1983 Merle Haggard und Willie Nelson

Kategorie 9 Instrumentalgruppe des Jahres

1967 The Buckaroos
1968 The Buckaroos
1969 Danny Davis and the Nashville Brass
1970 Danny Davis and the Nashville Brass
1971 Danny Davis and the Nashville Brass
1972 Danny Davis and the Nashville Brass
1973 Danny Davis and the Nashville Brass
1974 Danny Davis and the Nashville Brass
1975 Roy Clark and Buck Trent
1976 Roy Clark and Buck Trent
1977 The Original Texas Playboys
1978 The Oak Ridge Boys Band
1979 The Charlie Daniels Band
1980 The Charlie Daniels Band
1981 Alabama
1982 Alabama
1983 Ricky Skaggs Band

Kategorie 10 Musiker des Jahres

1967 Chet Atkins
1968 Chet Atkins
1969 Chet Atkins
1970 Jerry Reed
1971 Jerry Reed
1972 Charlie McCoy
1973 Charlie McCoy
1974 Don Rich
1975 Johnny Gimble
1976 Hargus ›Pig‹ Robbins
1977 Roy Clark
1978 Roy Clark
1979 Charlie Daniels
1980 Roy Clark
1981 Chet Atkins
1982 Chet Atkins
1983 Chet Atkins

Kategorie 11 Komiker des Jahres (bis 1970)

1967 Don Bowman
1968 Ben Colder
1969 Archie Campbell
1970 Roy Clark
1981 Terry Gibbs
1982 Ricky Skaggs
1983 John Anderson

Zeitschriften

Nachdem einige Profi-Blätter schon nach wenigen Ausgaben wieder eingestellt werden mußten, weil sich die Herausgabe einer Country-Zeitschrift in unseren Landen einfach nicht rentiert, gibt es nur noch die von Amateuren, aber mit viel Enthusiasmus gemachte »Country Corner«. Die Zeitschrift erscheint monatlich und kostet DM 94,80 pro Jahr. Bestellungen bitte richten an: Country Corner, Music Press Service, Franziskanerstr. 46, 5063 Overath. Tel. 0 22 06 / 41 60.
Seit September 1984 veröffentlicht die Zeitschrift »Trucker« in jeder Ausgabe eine Seite mit Reportagen, Berichten und News aus der Country-Szene.

Platten

Die Country-Regale der deutschen Plattenläden sind meistens sehr dürftig bestückt, außerdem sind die meisten Country-Scheiben in Deutschland gar nicht lieferbar. Es gibt aber einen Mail-Order-Service, der fast alle Alben führt. Katalog anfordern oder Platten bestellen bei: Jürgen Kramar, Friedenstraße 44, 7530 Pforzheim.

Bildnachweis:
Ariola CMH, Bellaphon, Rainer Binder, Billy Bob's Texas, CBS, Cinema International, Country Music Association, Epic, Hans-Georg Fischer, Worth Conv. & Vis. Bureau, Thomas Jeier, MCA, Metronome, Philip Morris, RCA, Wolfgang Schmitz, Twentieth Century Fox, Warner Brothers, Western Union